Schön gesagt!

Die passenden Worte
für jeden Anlass

Schön gesagt!

Die passenden Worte
für jeden Anlass

Bertelsmann LEXIKON

Impressum

Projektleitung *Christian Adams*
Texte *Kunigunde Wannow*
Layout *Jo Pelle Küker-Bünermann*
Satz *Ralf Haselhorst*
Bildredaktion *Jasmine Feuer*
Redaktion *Helene Born*
Herstellung *Astrid Warkus*
Covergestaltung *init, Bielefeld*
Coverfoto *plainpicture/Folio Images*

Aktuelle Informationen und Serviceangebote des Verlages finden Sie auch im Internet unter www.wissenmedia.de

Druck und Bindung *GGP Media GmbH, Pößneck*

FSC www.fsc.org
MIX
Paper from responsible sources
FSC® C014496

ISBN: 978-3-577-09106-0

Ihnen fehlen die passenden
Eröffnungsworte für ein Familienfest?
Sie suchen eine Widmung für ein
Gästebuch oder einen Vers für eine
Trauerkarte?

Für alle, die etwas zu sagen oder
zu schreiben haben, gibt es
Schön gesagt!
Die passenden Worte für jeden Anlass.

Das völlig neu entwickelte Buch bietet neben bekannten klassischen Zitaten, Sprüchen und Versen auch nicht alltägliche, zeitgenössische Formulierungen. Dabei erleichtert die Gliederung nach Anlässen die Suche. Zahlreiche Textvorlagen helfen beim Abfassen von Einladungen, Danksagungen oder Reden. Damit ist das Buch eine hilfreiche und moderne Fundgrube für alle, die das passende Wort suchen.

Und nun viel Spaß bei der Suche
nach dem passenden Wort.

Der Verlag

Inhalt

Seite

Seite

Geburt

Kinder haben die märchenhafte Kraft,
sich in alles zu verwandeln,
was immer sie sich wünschen.

Novalis

Jedem Anfang wohnt
ein Zauber inne,
der uns beschützt
und der uns hilft zu leben.

Hermann Hesse

Drei Dinge sind uns aus dem Paradies geblieben:
Die Sterne der Nacht, die Blumen des Tages und die Augen der Kinder.

Dante Alighieri

Sind die Kinder klein,
gib ihnen Wurzeln.
Sind sie größer geworden,
gib ihnen Flügel.

Johann Wolfgang von Goethe

Kinder sind das Einzige, was in einem modernen Haushalt noch mit der Hand gewaschen werden muss.

unbekannter Verfasser

Die Geburt eines Kindes ist gleichzeitig die Geburt einer Mutter und eines Vaters.

Elizabeth Stone

Kinder sind die Flügel des Menschen.

Arabisches Sprichwort

Kinder sind nicht nur ein Trost für das Alter, sondern auch ein Mittel, es schnell zu erreichen.

Roberto Benigni

Wenn aus Liebe Leben wird, bekommt das Glück einen Namen.

SMS-Spruch

Was eine Kinderseele aus jedem Blick verspricht?
So reich ist doch an Hoffnung ein ganzer Frühling nicht.

Hoffmann von Fallersleben

Mit Kindern vergehen die Jahre wie im Fluge,
doch Augenblicke werden zu Ewigkeiten.

Unbekannter Verfasser

Das Juwel des Himmels ist die Sonne,
das Juwel des Hauses ist das Kind.

Chinesisches Sprichwort

Bei Kindern braucht man ein Gläschen voll Weisheit,
ein Fass voll Klugheit und ein Meer voll Geduld.

Franz von Sales

Kinder sind eine Brücke zum Himmel.

Persisches Sprichwort

Glück kann man nicht kaufen, Glück wird geboren.

SMS-Spruch

Da werden Hände sein,
die dich tragen und Arme,
in denen du sicher bist
und Menschen,
die dir ohne Fragen zeigen,
dass du willkommen bist.

unbekannter Verfasser

In jedem Kind liegt eine wunderbare Tiefe.

Robert Schumann

Liebe Frau Seitz,

„Jedes neugeborene Kind bringt die Botschaft, dass Gott sein Vertrauen in die Menschheit noch nicht verloren hat."

Rabindranath Tagore

Für die Glückwünsche und das Geschenk, mit dem Sie unseren Sohn Maximilian in dieser Welt willkommen geheißen haben, möchten wir uns herzlich bedanken.

Ihre Melanie & Thomas Schmidt

Mainz, im März 2011

Liebe Tante Charlotte,
lieber Onkel Michael,

seit ich am 15.3.2011 auf die Welt kam, stelle ich das Zuhause meiner Eltern ganz schön auf den Kopf. Das macht aber nichts, denn ein schlauer Mensch hat mal gesagt:

„Mit jedem Kind werden alle Dinge neu geschaffen, und das Weltall wird wieder auf die Probe gestellt."

Gilbert Keith Chesterton

Vielen Dank für die lieben Wünsche und das tolle Geschenk, das ihr meinen Eltern für mich gegeben habt!

Eure, stets hungrige
und kerngesunde, Marie

Schwerin, im März 2011

Mir, Kevin Wilke,

wurde am 28. August um 23.30 Uhr nach neunmonatigem Aufenthalt mein 1-Zimmer-Appartement mit Vollpension wegen mietwidrigen Verhaltens gekündigt (habe mehrfach gegen die Wand getreten). Ich bin allerdings gerne ausgezogen, denn die Räumlichkeit war für meine Größe von 53 cm und meinem Gewicht von 3950 Gramm sowieso viel zu klein.

Ihr erreicht mich ab sofort in meinem Kinderzimmer unter meiner neuen Anschrift

Kevin Wilke
Mercatorstraße 25
33619 Bielefeld

Liebe Familie Schröder,

„Die Welt wird jedes Mal neu erschaffen,
wenn ein Kind geboren wird."

Dieses Zitat von Jostein Gaarder können wir für uns nur bestätigen, denn mit Lene wurde uns am 3. Juli sogar eine ganze Welt geschenkt. Wie ein Wunder haben wir ihre Geburt erlebt, manchmal übertrifft sogar die Wirklichkeit unsere Träume!

Darüber empfinden wir große Dankbarkeit, wie auch für die zahlreichen Glückwünsche und die schönen Geschenke, über die wir uns sehr gefreut haben. Ganz herzlichen Dank sagen wir daher für Ihr niedliches Jäckchen und das wunderbar duftende Babybad.

Ihre
Kerstin und Thomas Wellmann

Wiesbaden, im Juni 2011

Taufe

Dem Menschen einen Glauben
schenken heißt,
seine Kraft verzehnfachen.

Gustave Le Bon

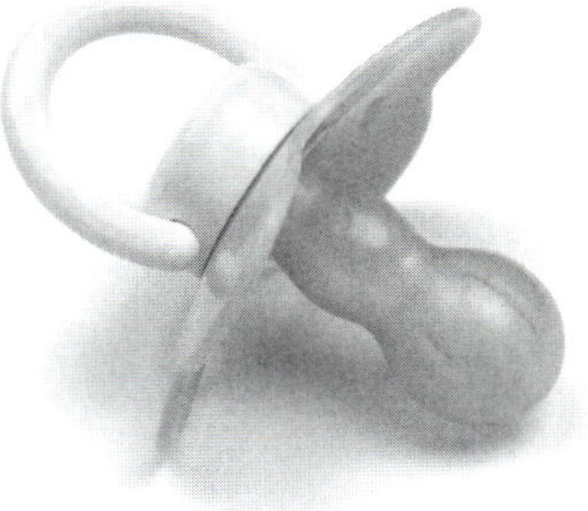

Wende dich stets
der Sonne zu,
dann fallen die Schatten
hinter dich.

Chinesische Weisheit

Ein Kind ist ein Buch, das wir lesen und in das wir schreiben sollten.

Peter Rosegger

Unser Wunsch kommt mit Bedacht;
lass dir niemals rauben,
was das Leben wertvoll macht:
Hoffen, Lieben, Glauben!

Friedrich Morgenroth

Seht, welche Liebe uns der Vater gezeigt hat, dass wir Gottes Kinder heißen und auch sind.

Brief des Johannes 3,1

Was ist selbst der glücklichste Mensch ohne Glauben?
Eine schöne Blume in einem Glase Wasser,
ohne Wurzel und ohne Dauer.

Ludwig Börne

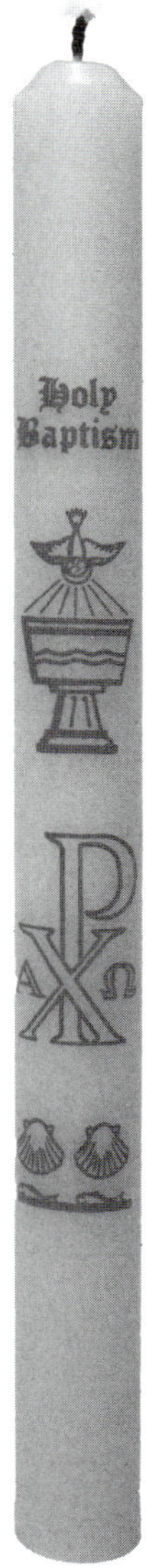

Die Straße komme dir entgegen.
Der Wind stärke dir den Rücken.
Die Sonne scheine warm dir ins Gesicht.
Der Regen falle sanft auf dein Feld.
Bis wir uns wiedersehen,
berge Gott dich in der Tiefe seiner Hand.

irischer Segen

Der Glaube hat nicht nur den Sinn,
sondern auch die Freude in die Welt gebracht.

Paul Claudel

Mit Gott tritt man nicht auf der Stelle, sondern man beschreitet einen Weg.

Dietrich Bonhoeffer

Liebe Christine,
lieber Rolf,

mit der Taufe von Charlotte möchten wir die Dankbarkeit über das Wunder des neuen Lebens und den Wunsch, dass es von Gott gesegnet und behütet wird, zum Ausdruck bringen!
Wir laden Euch daher ganz herzlich zum Taufgottesdienst am Sonntag, den 28. Mai um 10 Uhr in die Johanniskirche in Hamburg-Altona und anschließend zu einem kleinen Empfang bei uns zuhause ein.

Herzliche Grüße

Kerstin und Tim mit Charlotte

Hamburg, im Mai 2011

Liebe Antonia,

„Gott hat seinen Engeln befohlen, Dich zu beschützen, wohin Du auch gehst."

(Psalm 91,11)

Auch ich möchte Dich ein Stück Deines Lebens begleiten und für Dich da sein, wann immer Du oder Deine Eltern mich brauchen. Ich freue mich sehr, an Deinem Wachsen und Gedeihen teilnehmen zu dürfen, denn wie ein Sonnenstrahl bist Du in unsere Welt gekommen, hast Deinen Eltern Freude und Glück gebracht!

Alles Liebe und Gute zu Deiner Taufe wünscht Dir

Deine Patentante Verena

Bremen, im Oktober 2010

Liebe Familie Wolf,

„Wie köstlich ist Deine Güte, Gott, dass Menschenkinder unter dem Schatten Deiner Flügel Zuflucht finden."

(Psalm 3,7)

Zur Taufe Ihres jüngsten Sohnes Jan-Philipp gratulieren wir Ihnen von ganzem Herzen. Wir wünschen Ihnen einen wunderschönen Tag im Kreise ihrer Verwandten und Freunde. Zufriedenheit, Glück und Fröhlichkeit sollen Ihren Jan-Philipp sein ganzes Leben lang begleiten!

Herzliche Grüße

Ihre Familie Wagner

Chemnitz, im April 2011

Liebe Elke,
lieber Ralf,

herzlichen Dank sagen wir für das schöne Badetuch und das zart duftende Babybad zur Taufe von Paul. Dieser Tag wird für uns unvergesslich bleiben, auch wenn Paul selbst den Gottesdienst fast vollständig verschlafen hat. Er ist unser Sonnenschein und nimmt seine Umwelt immer mehr wahr. Wir genießen diese wunderschöne Zeit mit ihm, auch wenn die Nächte manchmal ziemlich kurz sind.

Viele Grüße
und noch einmal herzlichen Dank!

Eure Sophia und Thomas und natürlich Paul

Düsseldorf, im Juni 2011

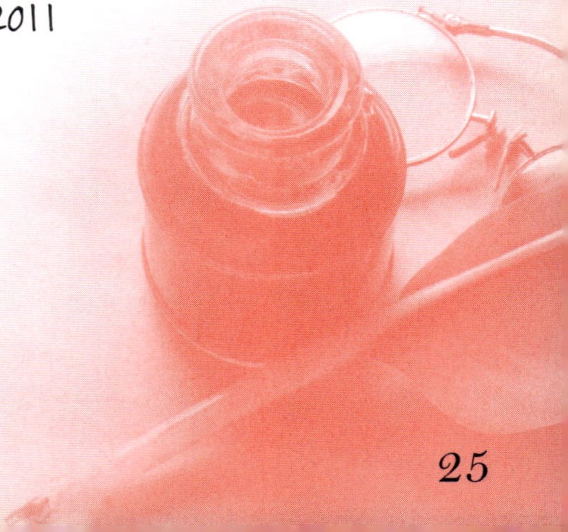

Kommunion und Konfirmation

Erwirb dir Weisheit,
denn sie ist besser als Gold;
und verschaffe dir Klugheit,
denn sie ist köstlicher als Silber.

Sprüche Salomos 16,16

Im Glauben bleibe unverdrossen
im Leben stehst du nie allein;
Gott hat dich in sein Herz geschlossen.
Schließ du Ihn nun in deines ein.

Friedrich Morgenroth

Der Glaube ist nicht der Anfang,
sondern das Ende allen Wissens.

Johann Wolfgang von Goethe

Frieden im Gemüte, das Leben sonnig erhellt:
Wahre Herzensgüte überwindet die Welt.

Joseph Victor von Scheffel

Was dir auch immer begegnet mitten in dieser Welt,
es gibt eine Hand, die dich segnet
es gibt eine Hand, die dich hält.

unbekannter Verfasser

Man sieht nur mit dem Herzen gut,
das Wesentliche ist für die Augen unsichtbar.

Antoine de Saint-Exupéry

Warte nicht auf das große Wunder,
sonst verpasst du die vielen kleinen.

unbekannter Verfasser

Betrachte alles von der guten Seite!

Thomas Jefferson

Die Welt ist eine optimistische Schöpfung.
Beweis: Alle Vögel
singen in Dur.

Jean Giono

Liebe, Freude und Gottes Segen
wünsche ich dir
nicht nur zur Konfirmation,
sondern für dein ganzes Leben!

SMS-Glückwunsch

Wer recht erkennen will, muss zuvor
in richtiger Weise gezweifelt haben.

Aristoteles

Gott ist bei uns am Abend und am Morgen
und ganz bestimmt an jedem neuen Tag.

Dietrich Bonhoeffer

Die Naturwissenschaft ohne Religion ist lahm,
die Religion ohne Naturwissenschaft ist blind.

Albert Einstein

Geh nicht nur die glatten Straßen.
Geh Wege, die noch niemand ging,
damit du Spuren hinterlässt und nicht nur Staub.

Antoine de Saint-Exupéry

Er hat seinen Engeln befohlen, dass sie dich behüten
auf allen deinen Wegen, dass sie dich auf den Händen tragen
und du deinen Fuß nicht an einen Stein stoßest.

Psalm 91,11f

Alle Menschen haben Zugang zu Gott, aber jeder einen anderen.

Martin Buber

Konfirmandin, Konfirmand
sind irgendwie im Niemandsland.
Noch nicht ganz erwachsen!
Und schon nicht mehr Kind?
Was endet nun und was beginnt?

unbekannter Verfasser

Lieber Louis,

zu Deiner Erstkommunion möchten wir Dir herzlich gratulieren. Heute ist Dein Tag, genieße ihn!

Schon seit einem Jahr hast Du Dich auf dieses Fest vorbereitet, hast viel über den Glauben und die Kirche gelernt. Jeder Mensch entwickelt im Leben dann seinen ganz eigenen Zugang zu Gott und zum Glauben. Für Sören Kierkegaard zum Beispiel hieß Glaube,

„beständig das Frohe, Glückliche, Gute erwarten".

Eine solch positive Einstellung auch zu allen anderen Dingen in Deinem Leben – dies und natürlich noch viel mehr wünschen wir Dir zu Deiner Kommunion.

Liebe Grüße!
Tante Anette und Onkel Wolfgang

Augsburg, im April 2011

Liebe Frau Cordes,
lieber Herr Cordes,

ein herzliches Dankeschön möchte ich Ihnen auch im Namen meiner Eltern für Ihre Glückwünsche und das wunderschöne Pferdebuch sagen, das Sie mir anlässlich meiner Kommunion geschenkt haben.

Ich war überrascht, wie viele Menschen am Tag meiner ersten heiligen Kommunion an mich gedacht und mir mit Glückwünschen, Blumen und Geschenken eine solche Freude gemacht haben.

Vielen Dank und herzliche Grüße

Ihre
Leonie Bartling

Osterode, im April 2011

Liebe Frau Voss,

„Dankbarkeit macht das Leben erst reich" lautet ein Zitat von Dietrich Bonhoeffer. Und so möchte ich mich auf diesem Wege ganz herzlich – auch im Namen meiner Eltern – für die Glückwünsche und das Geschenk zu meiner Konfirmation bedanken. Ich habe mich sehr gefreut, dass Sie an diesem besonderen Tag an mich gedacht haben.

Vielen Dank

Markus

Mainz, im Mai 2010

Liebe Tante Charlotte,
lieber Onkel Michael,

nun ist meine Konfirmation vorbei und Ihr seid hoffentlich gut wieder zu Hause angekommen. Ich fand diesen Tag ganz wunderbar, weil er sehr feierlich war und weil ich ihn zusammen mit so vielen Gästen verbringen durfte. Besonders gefreut habe ich mich natürlich auch über die vielen Glückwünsche und Geschenke. Daher möchte ich mich hiermit – auch im Namen von Mama und Papa – ganz herzlich für die 200 Euro bedanken.
Ihr habt mir damit eine große Freude bereitet.

Viele liebe Grüße sendet Euch

Eure Sophie

Schwerin, im Mai 2010

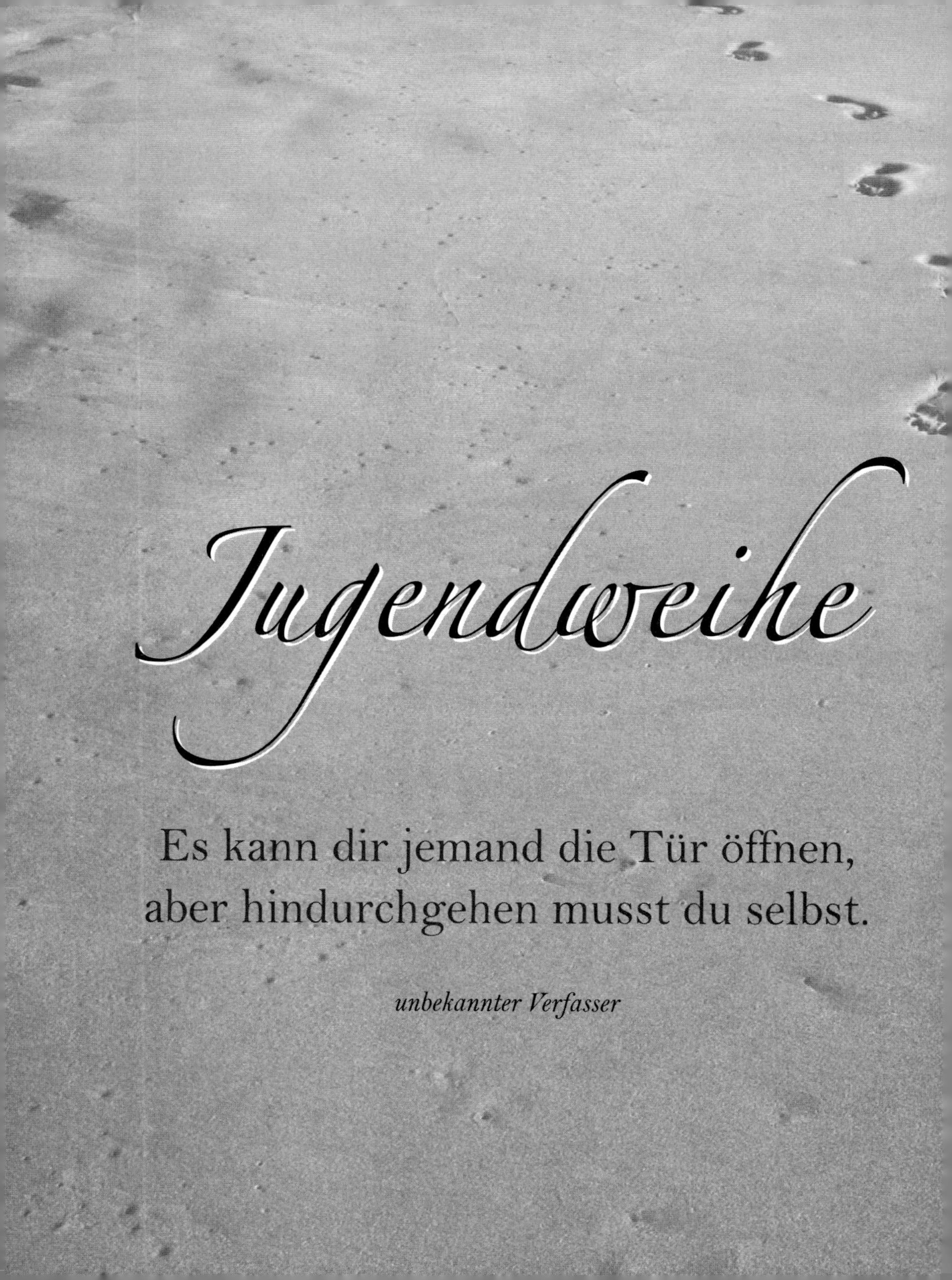
Jugendweihe
Es kann dir jemand die Tür öffnen,
aber hindurchgehen musst du selbst.
unbekannter Verfasser

Im Leben geht es darum, die richtigen Fragen zu stellen und nicht dauernd Antworten zu geben.

Martina Gedeck

Träume nicht dein Leben, sondern lebe deinen Traum!

unbekannter Verfasser

Es gibt keinen Weg zum Glück, Glück ist der Weg.

Buddha

Liebe das Leben, und das Leben wird dich lieben.

SMS-Spruch

Ich wünsche dir einen Weg, den du gerne gehst.
Einen Weg, dessen Steine du nicht spürst
und den du leichten Fußes beschreiten kannst.
Ich wünsche dir einen Weg, der nicht endlos ist,
einen Weg, auf dem du ein Ziel vor Augen hast
- ein Ziel, das dich erfüllt.

unbekannter Verfasser

Ideale sind wie Sterne.
Man kann sie nicht erreichen,
aber man kann sich
nach ihnen orientieren.

Carl Schurz

Wer einmal sich selbst gefunden,
der kann nichts auf dieser Welt verlieren.

Stefan Zweig

*Das Schönste im Leben
ist nicht die Erfüllung,
sondern die Erwartung
der Erfüllung*

Anna Magnani

Liebe Franziska,

heute ist ein großer Tag in Deinem Leben: Deine Jugendweihe. Die Kindheit liegt hinter Dir, Du wirst ab jetzt gesiezt und stehst auf der Schwelle zum Erwachsenwerden. Schritt für Schritt entscheiden wir, Deine Eltern, ab jetzt immer weniger und Du dafür immer mehr.

Wir wünschen Dir, dass es Dir gelingt, in der Welt der Erwachsenen Deinen Platz zu finden, auf dem Du Deine Stärken und Vorzüge sinnvoll einsetzen kannst. Denn eins ist sicher: Jeder Mensch ist einmalig, unverwechselbar und wertvoll. Bleib Dir treu und steh zu Deinen Überzeugungen, dann kannst Du Deine Wünsche und Träume bestimmt realisieren!

Alles Liebe und Gute zu Deinem Ehrentag!

Deine Eltern

Gera, im Mai 2011

Lieber Frau Lehmann,
lieber Herr Lehmann,

ein herzliches Dankeschön möchte ich Ihnen für Ihren netten Brief und das großzügige Geldgeschenk anlässlich meiner Jugendweihe senden.

Es hat mich sehr gefreut zu sehen, wie viele Menschen an diesem Tag an mich gedacht und mich mit Glückwünschen und Geschenken überrascht haben. Im Kreis meiner Familie habe ich einen sehr schönen Tag mit unvergesslichen Augenblicken erlebt.

Vielen Dank und schöne Grüße,
auch im Namen meiner Eltern!

Ihr
Sven Schubert

Hochzeit und Verlobung

Wir sind alle Engel mit einem Flügel.
Wir müssen einander umarmen,
wenn wir fliegen wollen.

Luciano De Crescenzo

Der Mensch allein ist unvollkommen.
Er braucht einen zweiten
um glücklich zu sein.

Blaise Pascal

Liebe ist ein ICH, dass ein DU sucht,
um ein WIR zu werden.

SMS-Spruch

Liebe macht nicht blind.
Der Liebende sieht weit mehr als da ist.

Oliver Hassencamp

Liebe heißt, sich im anderen wiederfinden
und dann gemeinsam zu wachsen.

SMS-Spruch

Die Erfahrung lehrt uns, dass die Liebe nicht darin besteht,
dass man einander ansieht,
sondern dass man in die gleiche Richtung blickt.

Antoine de Saint-Exupéry

Die Liebe lebt von liebenswürdigen Kleinigkeiten.

Theodor Fontane

Die Liebe allein versteht das Geheimnis, andere zu beschenken und dabei selbst reich zu werden.

Clemens Brentano

Denk daran, dass eine gute Ehe von zwei Dingen abhängt: erstens den richtigen Menschen zu finden und zweitens der richtige Mensch zu sein.

Jackson H. Brown

Zusammen durch die Welt zu gehen ist schöner, als allein zu stehen.
Und sich darauf das Wort
zu geben,
ist wohl
das Schönste im Leben.

unbekannter Verfasser

*Eine Ehe ist ein Bauwerk,
das jeden Tag neu errichtet
werden muss.*

André Maurois

Glück ist, seine Freude in der Freude
des anderen finden.

Georges Bernanos

Raum ist in der kleinsten Hütte
für ein glücklich liebend Paar.

Friedrich von Schiller

Die Liebe ist der Stoff,
den die Natur gewebt
und die Phantasie bestickt hat.

Voltaire

Vergangen sei vergangen
und Zukunft ewig fern:
In Gegenwart gefangen
verweilt die Liebe gern.

Clemens Brentano

Kein Wölkchen kann unser Glück mehr trüben.
Wir heiraten, weil wir uns lieben!

SMS-Spruch

Lasst die Verlobungsfahnen im frischen Winde wehen!
Wie schön, zu zweit zu planen und einen Weg zu gehen.

unbekannter Verfasser

*Die Ehen
werden im Himmel
geschlossen
und auf Erden
vollzogen.*

französisches Sprichwort

Liebe Alina,
lieber Tom,

„Dass zwei sich richtig lieben, gibt erst der Welt den Sinn, macht sie erst rund und richtig bis an die Sterne hin."

(Matthias Claudius)

Wir wollen der Welt den Sinn geben
und die Sterne auf die Erde holen!
Mit anderen Worten: Wir heiraten!

Zu unserer Hochzeitsfeier am Feitag den 22. Mai 2011 möchten wir Euch deshalb herzlich einladen.
Der Traugottesdienst findet um 16 Uhr in der Martinikirche in Essen statt.
Anschließend wollen wir mit Euch im Saal des Hotelrestaurants „Zum Schlosspark" gemeinsam feiern.

Wir freuen uns auf Euch!
Liebe Grüße

Carlotta und Robert

Berlin, im Juni 2011

Liebe Theresa,
lieber Daniel,

zu Eurer Verlobung wünschen wir Euch alles Liebe und Gute!
Wie schön, dass Ihr eine „Ehe auf Probe“ wagt – dies in einer Zeit, in der viele Paare ja oftmals ganz ohne Trauschein auf Dauer zusammen leben und die Freiheit bevorzugen. Wir sind jedoch davon überzeugt, dass Ihr alles richtig macht!

Wir freuen uns mit Euch und wünschen Euch viel Glück für Eure gemeinsame Zukunft!

Eure

Rolf und Christa

Wernigerode, im August 2011

Liebe Frau Wagner,
lieber Herr Wagner,

mit Freude haben wir von Ihrer Hochzeit am 28. Juli 2011 erfahren, zu der wir Ihnen beiden unsere aufrichtigen Glückwünsche senden.

In einer Zeit, in der viele Menschen eher die Unverbindlichkeit auch in der Partnerschaft vorziehen, haben Sie sich bewusst entschieden, Ihre Liebe „ganz offiziell" zu machen.
Wir wünschen Ihnen deshalb für Ihre gemeinsame Zukunft alles Liebe und Gute.

Ihre
Irmgard Sauer und Kollegen

Bremen, im August 2011

Liebe Melanie,
lieber Gerrit,

„Soweit die Erde Himmel sein kann, soweit ist sie es in einer glücklichen Ehe",
schrieb Marie von Ebner-Eschenbach einmal.

Den Himmel auf Erden – den hat wohl niemand permanent gepachtet, aber viel besser ist ja der Gedanke, dass sich in einer glücklichen Ehe bekanntermaßen das Glück verdoppelt und das Leid teilt.

Eine Doppelportion Glück und alles Liebe und Gute für Eure gemeinsame Zukunft, liebe Melanie und lieber Gerrit, dies wünschen wir Euch zu eurer Hochzeit von ganzem Herzen!

Eure Trauzeugen

Vera und Michael

Stuttgart, im August 2011

Liebe Sophie, lieber Lukas,

in einer Ehe verhält es sich ähnlich wie in der Politik. Sie beginnt auch mit einer Wahl. Dabei werden Gegenkandidaten aussortiert und Bündnisse meist in nächtlichen Vier-Augen-Gesprächen geschlossen. Doch auch in der besten Koalition kommt es bisweilen zu Debatten und zu Kompromissen. Dann ist höchste Diplomatie gefragt! Denn anders als in der Politik ist in der Ehe das gegebene Wort verbindlich.
Einen Ratschlag möchte ich Euch als Brautvater noch geben: Liebe und Treue, Toleranz und Diplomatie sowie die Einhaltung der Haushaltsfinanzen sind die beste Basis für eine glückliche und dauerhafte Zweierkoalition.

Liebes Brautpaar, wir wünschen Euch alles Gute für Euren gemeinsamen Lebensweg – darauf lasst uns das Glas erheben und gemeinsam anstoßen!

Zum Wohl!

Liebe Frau Weber,
lieber Herr Weber,

mit Worten können wir kaum beschreiben, welche Gefühle der Freude, des Glücks und der Dankbarkeit wir anlässlich unserer Trauung empfanden.

Auch die zahlreichen Karten und Blumen, die schönen Geschenke und persönlichen Worte haben diesen Tag für uns unvergesslich werden lassen. Dafür möchten wir uns bei allen herzlich bedanken.

Ganz besonders haben wir uns über Ihren Wellness-Gutschein gefreut – eine perfekte Überraschung und wunderbare Idee!

Herzliche Grüße
und ein großes Dankeschön sagen

Kathrin und David Kirchberg

Kassel, im Juni 2011

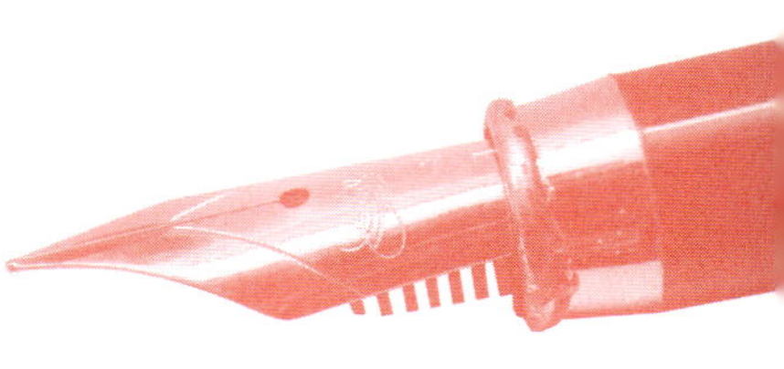

Hausbau und Umzug

Stein und Mörtel bauen ein Haus,
Geist und Liebe schmücken es aus.

unbekannter Verfasser

Ich wünsche dir,
'nen guten Start,
genieß die neue Lebensart!

SMS-Spruch

Das Heim ist der Wohnort des Herzens.

José Ortega y Gasset

Bosheit, Feinde, schlimme Leiden
sollen eure Türe meiden!
Freude, Glück und Sonnenschein
sollen euch willkommen sein!

Volksmund

Durch Weisheit wird ein Haus gebaut
und durch Verstand erhalten.

Sprüche 24,3

Dieses Haus steh' in Gottes Hand.
Herr bewahr' es vor Feuer und Brand,
und alle, die geh'n aus und ein,
lass dir, oh Herr, befohlen sein.

Volksgut

Möge nach jedem Gewitter ein Regenbogen über Deinem Haus stehen.

SMS-Spruch

Hier ist gut sein, hier lasst uns Hütten bauen!

Matth. 17,4

My home is my castle.

englischer Spruch

Liebe Familie, liebe Freunde,
Handwerker und Bauspezialisten,

langsam aber sicher nimmt unser neues Haus Gestalt an. Der Rohbau steht, der Dachstuhl ist errichtet und der Richtkranz thront hoch oben auf dem Dach. Das Richtfest markiert heute eine wichtige Etappe auf dem Weg zu unserem Traumhaus, ich möchte es deshalb auch nutzen, um allen zu danken, die so gute Arbeit geleistet haben.

Simone hat im Geist die Zimmer natürlich schon komplett eingerichtet und dekoriert, selbst der Garten ist schon fix und fertig – wenn auch erst theoretisch. Damit die nächsten Arbeiten deshalb ebenso zügig und problemlos vonstatten gehen, möchten wir mit euch nun anstoßen und ein schönes Richtfest feiern.

Zum Wohl!

Liebe Katja,
lieber Markus,

wir gratulieren Euch ganz herzlich zum Einzug in Eure neue Wohnung in München und wünschen Euch auch für den beruflichen Neustart dort alles Gute. Hoffentlich habt Ihr den Umzugsstress und das Kistenchaos gut hinter Euch gebracht!

Auch wenn wir natürlich traurig sind, dass Ihr nun so weit entfernt wohnt, freuen wir uns mit Euch und hoffen, dass Ihr euch gut einlebt und schnell nette Kontakte knüpfen könnt.

Wenn euch hin und wieder aber die unwiderstehliche Sehnsucht nach eurer alten Heimat packen sollte, seid Ihr selbstverständlich jeder Zeit bei uns willkommen.
Einen guten Start in München und viel Glück wünschen Euch

Corinna und Michael

Wiesbaden, im Juli 2011

Liebe Susanne,
lieber Frank,

„Eigner Herd ist Goldes wert."

Das haben wir uns auch gedacht und deshalb vor fast anderthalb Jahren den Bauantrag für unser Haus gestellt. Nun ist es geschafft: Seit gut drei Wochen leben wir endlich in unseren eigenen „vier Wänden" und haben uns damit unseren Traum erfüllt.

Für die großartige Unterstützung, die wertvollen Ratschläge und Tipps vor und während der Bauphase möchten wir uns nun bei allen bedanken und Euch gern zur Hauseinweihungsparty am Samstag, den 20. Juni einladen. Wir freuen uns auf Euch!

Herzliche Grüße von den frisch gekürten Bau-, Heimwerker- und Gartenmarktspezialisten ...

Tobias und Silke

Liebe Familie Seemann!

„Ein guter Nachbar ist besser als
ein Bruder in der Fremde"

(Volksmund)

Diese tolle Erfahrung durften wir nun selbst beim Umzug in unser neues Heim machen. Dank Ihrer großartigen Unterstützung sowie der vielen helfenden Hände war der Umzugsstress schnell verflogen. So unkompliziert haben wir uns den Einzug nicht vorgestellt!
Schon jetzt fühlen wir uns im Holunderweg sehr wohl, auch die Kinder. Sie haben die neue Umgebung mittlerweile mit dem Fahrrad erkundet und erste Kontakte geknüpft.

Herzlichen Dank noch einmal
für den warmherzigen Empfang!

Ihre Familie Weihrauch

Konstanz, im August 2011

Geburtstag

Lange leben will jeder,
aber alt werden will keiner.

Johann Nepomuk Nestroy

Lache das Leben an!
Vielleicht lacht es wider!

Jean Paul

Kein kluger Mann hat jemals gewünscht, jünger zu sein.

Jonathan Swift

Ein Leben ohne Feste ist wie eine Reise ohne Gasthaus.

Demokrit

Kummer, sei lahm! Sorge, sei blind!
Es lebe das Geburtstagskind!

Theodor Fontane

Perfekt sein und perfekt leben ist langweilig.

SMS-Spruch

Viele Menschen werden deshalb nicht 80,
weil sie zu lange versuchen, 40 zu bleiben.

Salvador Dalí

Eine Frau kann mit 19 entzückend,
mit 29 hinreißend sein,
aber erst mit 39 ist sie absolut unwiderstehlich.
Und älter als 39 wird keine Frau,
die einmal unwiderstehlich war!

Coco Chanel

Vierzig Jahre sind das Alter der Jugend,
fünfzig die Jugend des Alters.

Victor Hugo

Jung zu bleiben
und nicht alt zu werden,
ist das höchste Gut.

deutsches Sprichwort

Mit zwanzig hat jeder das Gesicht,
das Gott ihm gegeben hat,
mit vierzig das Gesicht,
das ihm das Leben gegeben hat,
und mit sechzig das Gesicht,
das er verdient.

Albert Schweitzer

Heute ist die gute alte Zeit von morgen

Karl Valentin

Keine Grenze verlockt uns mehr
zum Schmunzeln
wie die Altersgrenze.

Robert Musil

Es ist ein großer Vorteil im Leben, die Fehler, aus denen man lernen kann, möglichst früh zu begehen.

Winston Churchill

Erwachsene sind Jugendliche ohne Visionen.

unbekannter Verfasser

Geburtstage sind Sprossen auf der Lebensleiter.

Hermann Lahm

Mit dem Altwerden ist es wie mit dem Bergsteigen: Je höher man steigt, desto mehr schwinden die Kräfte - aber umso weiter sieht man.

unbekannter Verfasser

Lieber Lars,

jetzt ist es soweit: Du wirst 18 Jahre alt und feierst endlich den Tag Deiner „persönlichen Unabhängigkeitserklärung"! Ab heute darfst Du allein über Dich verfügen. Du kannst Deine Entschuldigungen für geschwänzte Schulstunden selbst unterschreiben, Du darfst endlich alleine Autofahren und alle verrückten Sachen machen, die Dir Deine Eltern bisher nicht erlaubt haben.

Lieber Lars, Du musst nun selbst Entscheidungen treffen und hast mehr Freiheiten, für die Du aber auch selbst verantwortlich bist. Wir sind sicher, dass Du „auf dem richtigen Weg" bist und wünschen Dir viel Freude und Glück in allem, was Du Dir vornimmst!

Liebe Grüße

Barbara und Peter Imhof

Bern, im Juli 2011

Liebe Carolin,
lieber Michael,

„Von vierzig bis fünfzig ist die beste Lebenszeit."

Wenn es nach Theodor Fontane geht, dann steht mir jetzt ja ein wunderbares Jahrzehnt bevor. Das möchte ich mit einer Party anlässlich meines 40. Geburtstages natürlich gebührend einleiten und lade Euch deshalb ganz herzlich am Samstag, den 30. Juni, in das Vereinshaus unseres Tennisclubs am Starenweg in Herford ein.
Ich freue mich auf Euer Kommen!

Euer
Tobias

Herford, im September 2011

Liebe Mutti,

zu Deinem 50. Geburtstag möchten wir Dir alles, alles Liebe und Gute wünschen und Dir sagen: Wir sind stolz auf Dich!
Denn wie Du bisher Familie und Beruf gemeistert hast, wie Du an allem so interessiert und so jung geblieben bist und für uns immer ein offenes Ohr hast, das ist einfach klasse!
Wir wünschen Dir weiterhin so viel Power, so viel Freude und vor allem Gesundheit. Wir Kinder sind ja mittlerweile aus dem „Gröbsten" heraus. Dies bedeutet für Dich: weniger Stress, mehr Freizeit und Muße für Deine Hobbys und Interessen. Deshalb schenken wir Dir etwas, das Du schon immer machen wolltest, aber bisher noch nicht verwirklicht hast: einen Gutschein zum Drachenfliegen.

Viel Spaß bei neuen Höhenflügen wünschen Dir

Deine Kinder
Lisa, Tim und Ole

Minden, im Januar 2011

Sehr geehrter Herr Fischer,

Geburtstage sind besondere Momente, die uns bewusst machen, dass die Zeit nicht stehen bleibt. Vor allem runde Geburtstage sind Anlass, die vergangenen Jahre noch einmal Revue passieren zu lassen, sich über das Erreichte zu freuen und Pläne für die Zukunft zu schmieden.

Zu Ihrem 60. Geburtstag gratuliere ich Ihnen ganz herzlich. Ich wünsche Ihnen, dass Sie gerne an das Vergangene zurückdenken und wie bisher positiv und voller Elan der Zukunft entgegensehen.
Ich hoffe, dass Sie im Kreise Ihrer Familie und Freunde einen schönen Tag verbringen und wünsche Ihnen alles Gute, viel Glück und beste Gesundheit für das neue Lebensjahrzehnt.

Mit herzlichem Gruß

Ihr Bernhard Berends

Kiel, im September 2011

Lieber Herr Wolter,

zu Ihrem 65. Geburtstag gratulieren wir Ihnen von ganzem Herzen und wünschen Ihnen für Ihren weiteren Lebensweg alles erdenklich Gute, Glück, Zufriedenheit und Schaffenskraft.
Jetzt ist die Zeit gekommen, den wohlverdienten Ruhestand zu genießen und sich Ihren Hobbys, dem Reisen und Fotografieren zu widmen und, wie Sie es sich vorgenommen haben, mit den Enkelkindern mehr Zeit zu verbringen.
Genießen Sie Ihren Ehrentag mit einer schönen Feier im Kreise Ihrer Familie und den Menschen, die Ihnen wichtig sind!

Herzliche Grüße

Ihre Kurt und Annette Weber

Mannheim, im Oktober 2011

„Freundschaft ist ein großes Kapital
bei dem Zinsen nicht verloren gehen."

Dies habe ich anlässlich meines 80. Geburtstages wieder einmal erfahren dürfen.
Ganz herzlich möchte ich mich deshalb bei allen für die zahlreichen Glückwünsche und schönen Geschenke, die netten Worte und tollen Überraschungen bedanken.
Es war eine große Freude zu sehen, wie viele Menschen an mich gedacht haben. Ich werde mich deshalb an diesen wunderschönen Tag immer gern erinnern.
Ein besonderer Dank gilt meinen lieben Verwandten und Nachbarn, sowie den Vertretern der Christus-Kirchengemeinde und natürlich meinen Enkelkindern, die mir mit ihrem musikalischen Auftritt eine ganz besondere Freude gemacht haben.

Eure

Hildegard Kramer

Rostock, im September 2011

Ehejubiläen

Es ist das Geheimnis einer guten Ehe,
dass einer Serienaufführung
immer wieder Premierenstimmung
gegeben wird.

Max Ophüls

Das Geheimnis der langen Ehe?
Ganz einfach:
Man muss nur die richtige Frau finden
und alt genug werden.

Gordon A. Craig

Einen Menschen lieben heißt einwilligen,
mit ihm alt zu werden.

Albert Camus

Liebe ist das Einzige, was nicht weniger wird,
wenn wir es verschwenden.

Ricarda Huch

Eheleute, die sich lieben,
sagen sich tausend Dinge,
ohne sie zu sprechen.

chinesische Weisheit

Das höchste Glück des Lebens besteht in der Überzeugung, geliebt zu sein.

Victor Hugo

Harmonie… entsteht nicht durch Gleichheit, sondern durch die perfekte Ergänzung.

Werner Bethmann

In der Ehe ist das Nachgeben keine Niederlage und das Durchsetzen des Willens kein Sieg.

Julie Elias

Eine gute Ehe beruht auf dem Talent zur Freundschaft.

Friedrich Nietzsche

Richtig verheiratet ist erst
der Mann, der jedes Wort versteht,
das seine Frau nicht gesagt hat.

Alfred Hitchcock

Alter schützt vor Liebe nicht,
aber Liebe schützt vor dem Altern.

Coco Chanel

Welch ein Glück, geliebt zu werden!
Und lieben, Götter, welch ein Glück!

Johann Wolfgang von Goethe

Eine gute Ehe ist ein Interview,
das nie geendet hat.

Gregory Peck

Liebe ist, wenn sie dir die Krümel aus dem Bett macht.

Kurt Tucholsky

Die Liebe, die Liebe, welch lieblicher Dunst,
doch in der Ehe – da steckt die Kunst.

Theodor Storm

*Für eine gute Ehe gibt es einen
sehr einfachen Maßstab:
Man ist dann glücklich verheiratet,
wenn man lieber heimkommt
als fortfährt.*

Luise Ullrich

Liebe Brigitte,
lieber Harry,

„Schneller Gang ist unser Leben, lasst uns Rosen auf ihn streun."

Johann Gottfried von Herder

Genau dies haben wir uns auch vorgenommen! Deshalb möchten wir Euch anlässlich unseres 10. Hochzeitstages einladen, unsere Rosenhochzeit am Samstag, den 2. Juli 2011 mit uns zu feiern.
Die ersten zehn Jahre unserer Ehe sind wirklich wie im Flug vergangen – und wir haben nicht einen einzigen Tag bereut! Frei nach dem Motto „Für uns soll's rote Rosen regnen" wollen wir daher einen Rosenball bei uns im Garten ausrichten. Für Essen, Getränke und Musik ist gesorgt. Wir freuen uns auf Euch!

Liebe Grüße

Carmen und Dirk Linde
mit Moritz und Pauline

Liebe Thea,
lieber Norbert,

wir danken allen, die unsere Silberhochzeit zu einem so wundervollen und unvergesslichen Fest gemacht haben und uns mit Glückwünschen, Blumen und Geschenken so verwöhnten. Mit unserer Familie, mit Euch und anderen lieben Menschen dieses Jubiläum zu begehen, war eine große Freude für uns.
Ein Vierteljahrhundert – eine lange Zeit für ein Menschenleben, aber ein Wimpernschlag für die Ewigkeit. Die werden wir zwar nicht erreichen, aber wir starten jetzt durch zu den nächsten 25 Ehejahren und hoffen dann, mit Euch voller Elan und bei bester Gesundheit auch unsere Goldene Hochzeit zu feiern!

Herzlichen Dank sagen Euch

Gisela und Raimund Völker

Wiesbaden, im April 2011

Liebe Frau Wegner,
lieber Herr Wegner,

„Ob zwei Leute gut getan haben, einander zu heiraten, kann man bei ihrer silbernen Hochzeit noch nicht wissen."

Marie von Ebner-Eschenbach

Wenn sie aber, wie Sie beide, ihre Goldene Hochzeit feiern, dann darf man sicher sein, dass Sie vor 50 Jahren auf dem Standesamt alles goldrichtig gemacht haben!
Ein langer gemeinsamer Weg liegt hinter Ihnen, und Sie können zufrieden auf das Erreichte, mit Stolz und Freude auf ihre Kinder und Enkelkinder blicken.
Wir gratulieren Ihnen von ganzem Herzen zu Ihrem goldenen Ehejubiläum und wünschen Ihnen beiden eine schöne Feier im Kreise Ihrer Familie, Freunde und Nachbarn sowie noch viele schöne gemeinsame Ehejahre.

Herzlichst

Hermann und Inge Sudhölter

Husum, im Juni 2011

Liebe Familie Bosse,

ein herzliches Dankeschön sagen wir allen, die unsere Diamantene Hochzeit für uns zu einem solch ereignisvollen Tag gemacht haben. Über die vielen Glückwünsche, Blumen und Präsente haben wir uns sehr gefreut. Unser Dank gilt auch Pastor Schreiber für seinen ergreifenden Dankgottesdienst und unseren Kindern und Enkelkindern für Ihre kurzweiligen Reden und Musikeinlagen. Danken möchten wir auch unseren Gästen, die mit uns gefeiert haben und das Fest zu einem unvergesslichen Erlebnis werden ließen.

Eure

Arnold und Irmgard Deppe

Duisburg, im November 2011

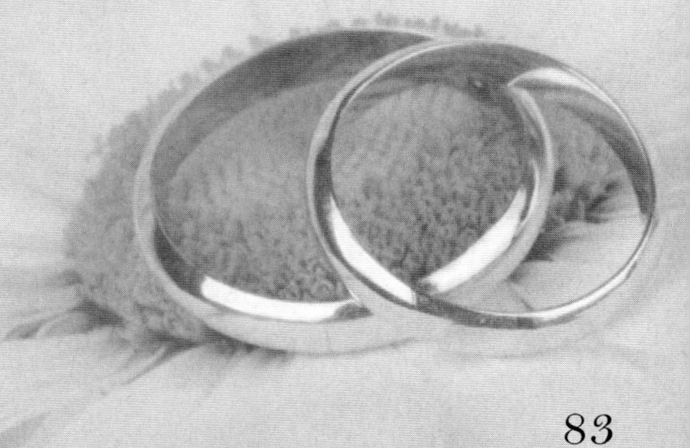

Trauerfall

Wir sind aus solchem Stoff,
wie Träume sind,
und unser kleines Leben
ist von einem Schlaf umringt.

William Shakespeare

Ein Jegliches hat seine Zeit,
und alles Vorhaben unter dem Himmel
hat seine Stunde.

Prediger 3,1

Das schönste Denkmal,
das ein Mensch bekommen kann,
steht in den Herzen seiner Mitmenschen.

Albert Schweitzer

Ich bin nicht tot, ich wechsle nur die Räume,
ich leb in euch und geh durch eure Träume.

Michelangelo

Leuchtende Tage –, nicht weinen, dass sie vorüber,
lächeln, dass sie gewesen.

Rabindranath Tagore

Wenn ihr an mich denkt, seid nicht traurig,
sondern hab den Mut, von mir zu erzählen
und auch zu singen, lachen und tanzen.
Lasst mir einen Platz zwischen euch.

unbekannter Verfasser

Nur wenige Menschen sind wirklich lebendig
und die, die es sind sterben nie.
Es zählt nicht, dass sie nicht mehr da sind.
Niemand den man wirklich liebt, ist jemals tot.

Ernest Hemingway

Und meine Seele spannte weit ihre Flügel aus,
flog durch die stillen Lande
als flöge sie nach Haus.

Joseph von Eichendorff

Sterben ist kein ewiges getrennt werden;
es gibt ein Wiedersehen
an einem helleren Tag.

Michael von Faulhaber

Trennung ist unser Los,
Wiedersehen ist unsere Hoffnung.

Augustinus

Möglicherweise ist ein Begräbnis unter Menschen
ein Hochzeitsfest unter Engeln.

Khalil Gibran

…und am Ende meiner Reise
hält der Ewige die Hände
und er winkt und lächelt leise –
und die Reise ist zu Ende.

Matthias Claudius

Hoffnung
ist nicht die Überzeugung,
dass etwas gut ausgeht,
sondern die Gewissheit,
dass etwas Sinn hat,
egal wie es ausgeht.

Vaclav Havel

Da ist ein Land der Lebenden und ein Land der Toten.
Und die Brücke zwischen ihnen ist die Liebe - das einzig Bleibende,
der einzige Sinn.

Thornton Wilder

Der Tod ist die uns zugewandte Seite jenes Ganzen,
dessen andere Seite Auferstehung heißt.

Romano Guardini

Als die Kraft zu Ende ging, war Erlösung Gnade.

unbekannter Verfasser

Die Hoffnung ist der Regenbogen
über den herabstürzenden
Bach des Lebens.

Friedrich Nietzsche

Liebe Frau Strathmann,

die Nachricht vom plötzlichen Tode Ihres Mannes erfüllt uns mit aufrichtiger Trauer.
Wir haben ihn erst kürzlich getroffen, er wirkte auf uns so lebensbejahend und optimistisch. Es ist für uns unfassbar, dass ihn seine schwere Erkrankung nun so jäh aus dem Leben gerissen hat.
Wir werden ihn sehr vermissen und seine Hilfsbereitschaft, seinen Humor und sein offenes Wesen immer in lieber Erinnerung behalten.
Wir wünschen Ihnen nun viel Kraft, und dass Ihnen die kommenden schweren Tage durch Erinnerungen an glückliche Momente mit ihrem Ehemann etwas erleichtert werden.

In stiller Verbundenheit

Norbert und Margret Linder

Nürnberg, im April 2011

Lieber Frank, liebe Sonja,

es ist auch für uns kaum fassbar, dass Eure Sabrina auf so tragische Weise sterben musste. Eure Tochter war ein so fröhlicher Mensch mit vielen Begabungen und Interessen. Sie hatte Ihr Leben noch vor sich, so viele Träume und Ideen!
Mit Sabrina habt Ihr einen Menschen verloren, der Euch das Liebste auf der Welt war, den auch ihre Freunde, Bekannten und wir sehr vermissen werden. Wir werden Sabrina nie vergessen und sind dankbar, sie gekannt zu haben.
Wir fühlen mit Euch und wünschen Euch viel Kraft für die kommende Zeit.

Mit stillem Gruß
Volker und Melanie Thorberg mit Laura, Carolin und Mika

Landau, im November 2011

Sehr geehrte Frau Reimer,

die Nachricht vom Tod Ihres Mannes macht uns sehr traurig. Zu dem Verlust, der Sie getroffen hat, sprechen wir Ihnen daher unsere tiefe Anteilnahme aus.
Wir haben Ihren Mann über viele Jahre lang als sachkundigen, engagierten und ideenreichen Vorgesetzten und Kollegen geschätzt.
Er hat durch sein profundes Fachwissen die Entwicklung unseres Unternehmens entscheidend mitgestaltet und war als verlässlicher Ansprechpartner bei Kollegen und Geschäftskunden äußerst beliebt. Sein plötzlicher Tod reißt daher auch bei uns eine große Lücke.
Mit Hochachtung und Dankbarkeit werden wir uns stets an ihn erinnern.
Wir fühlen mit Ihnen und wünschen Ihnen viel Kraft in diesen schweren Tagen.

Ihr
Herbert Linde
Hartmann AG

Völklingen, im Juni 2011

Liebe Familie Lerch,

es ist sehr schwer, einen geliebten Menschen zu verlieren, aber es ist tröstlich und wohltuend, so viel Anteilnahme zu erfahren. Dies konnten wir beim Heimgang unserer lieben Mutter auf so herzliche Weise erfahren.

Das überwältigende Mitgefühl durch Wort, Schrift, Kranz- und Blumenspenden sowie die Aufmerksamkeiten für den späteren Grabschmuck haben noch einmal gezeigt, wie beliebt unsere Mutter bei Freunden und Nachbarn war.
Wir werden vor allem Ihre große Hilfsbereitschaft und Fürsorge für unsere Mutter in dankbarer Erinnerung behalten und sagen dafür ganz herzlichen Dank.

Thorsten und Susanne Tönsmann

Greifswald, im Oktober 2012

Weihnachten

Weiß sind Türme, Dächer, Zweige,
und das Jahr geht auf die Neige,
und das schönste Fest ist da!

Theodor Fontane

Ich bin als Licht
in die Welt gekommen,
auf dass jeder,
der an mich glaubt,
nicht in der Finsternis bleibe.

Joh. 12,46

Das ist das Wunder der heiligen Nacht,
dass in die Dunkelheit der Erde
die helle Sonne scheint.

Friedrich von Bodelschwingh

Die Geburt Jesu in Bethlehem ist keine einmalige Geschichte,
sondern ein Geschenk, das immer bleibt.

Martin Luther

Ich wünsche dir für den Weihnachtstag
das Beste, was es nur geben mag:
Gesundheit, Glück, Zufriedenheit
und das bis in alle Ewigkeit!

unbekannter Verfasser

Klopft ein rosenroter Wunsch
fest an deine Tür,
riecht er gut und schmeckt nach Zimt
dann ist er von mir.

Unbekannter Verfasser

Wie leide ich vor Sehnsucht!
Wäre es doch Weihnachten!

Hans Christian Andersen

Weihnachten ist die Zeit des Schenkens
und des aneinander Denkens.
Dies ist kein Schmuck und auch kein Nerz,
doch eine SMS mit ganz viel Herz.
Hab dich lieb.

SMS-Spruch

Die Nacht vor dem Heiligen Abend,
da liegen die Kinder im Traum.
Sie träumen von schönen Sachen
und von dem Weihnachtsbaum.

Robert Reinick

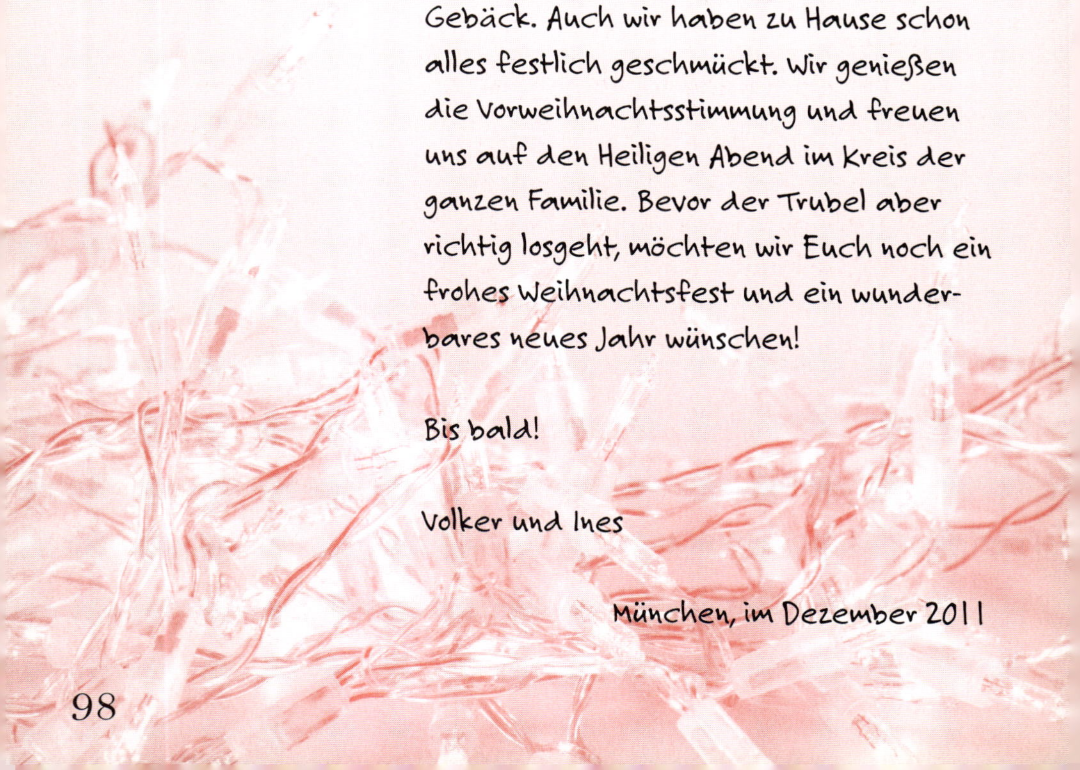

Liebe Monika,
lieber Norbert,

wieder einmal ist ein Jahr vergangen, Weihnachten steht vor der Tür. Wie schnell die Zeit vergeht. Vermutlich liegt es daran, dass dieses Jahr recht ereignisreich für uns war.

Überall in der Stadt glitzern jetzt die Lichter, es duftet nach Glühwein und Gebäck. Auch wir haben zu Hause schon alles festlich geschmückt. Wir genießen die Vorweihnachtsstimmung und freuen uns auf den Heiligen Abend im Kreis der ganzen Familie. Bevor der Trubel aber richtig losgeht, möchten wir Euch noch ein frohes Weihnachtsfest und ein wunderbares neues Jahr wünschen!

Bis bald!

Volker und Ines

München, im Dezember 2011

Liebe Frau Nolte,

„Die Stille der Heiligen Nacht ist gewichtiger als der Lärm der ganzen Weltgeschichte."

Josef Eger

Dies ist es, was die meisten wohl an Weihnachten besonders schätzen: Die Stille und Besinnlichkeit in diesen Tagen, in denen sich das Jahr dem Ende zuneigt. Gerade das Weihnachtsfest ist dann ein Anlass, einmal innezuhalten und das vergangene Jahr Revue passieren zu lassen, das wieder einmal wie im Flug verging.
Wir wünschen Ihnen in diesem Sinne ein besinnliches und frohes Weihnachtsfest mit schönen Stunden im Kreise Ihrer Familie.
Viele schöne Ereignisse, Freude, Glück und Gesundheit sollen Sie auch durch das Jahr 2012 begleiten!
Vielen Dank für die gute Zusammenarbeit auch in diesem Jahr.

Herzliche Grüße
Ihre

Marlies Singer
Leitung Lux Logistik

Weimar, im Dezember 2011

Silvester

Das Jahresende ist kein Ende
und kein Anfang,
sondern ein Weiterleben mit der Weisheit,
die uns die Erfahrung gelehrt hat.

Hal Borland

*Gut ist der Vorsatz,
aber die Erfüllung
ist schwer.*

Johann Wolfgang von Goethe

Die Neujahrsnacht still und klar,
deutet auf ein gutes Jahr.

Sprichwort

Heute ist Silvestertag, da grüß ich jeden den ich mag.
Drum schick ich dir aus weiter Ferne
tausend Zaubersterne ***************************
HAPPY NEW YEAR!

SMS-Spruch

Der Mond und der Schnee.
Ich lebe und betrachte das Schöne.
Das Jahr geht zu Ende.

Matsuo Basho

Begrüße das neue Jahr vertrauensvoll
und ohne Vorurteile,
dann hast du es schon halb zum Freund gewonnen.

Novalis

Ganz gleich,
wie beschwerlich das Gestern war,
stets kannst du im Heute von Neuem beginnen.

Buddha

Hartnäckig weiter fließt die Zeit,
die Zukunft wird Vergangenheit.
Aus einem großen Reservoir
ins andre rieselt Jahr um Jahr.

Wilhelm Busch

Wird's besser? Wird's schlimmer?
fragt man alljährlich.
Seien wir ehrlich:
Leben ist immer lebensgefährlich!

Erich Kästner

Liebe Lisa,
lieber Tim,

„Alles nimmt ein gutes Ende für den, der warten kann."

Damit auch dieses Jahr wieder ein gutes Ende nimmt, möchte ich Tolstoi beim Wort nehmen und Euch zu unserer Silvesterparty einladen.
Was das vergangene Jahr auch gebracht hat, es ist bald Vergangenheit. Lasst uns den Jahresrückblick genießen und in geselliger Runde bei uns zuhause das neue Jahr mit einem Feuerwerk aus guter Laune willkommen heißen!

Wir freuen uns auf Euch!

Dietmar und Dörte

Dortmund, im Dezember 2011

Liebe Frau Kalmbach,

„Es gibt bereits alle guten Vorsätze, wir brauchen sie nur noch anzuwenden."

Damit hat der französische Philosoph Blaise Pascal natürlich vollkommen recht gehabt. Und deshalb sind wohl die meisten von uns längst dazu übergegangen, überhaupt keine Neujahrsvorsätze mehr zu fassen, da sie oft schon am 2. Januar Makulatur sind.
Allerdings kann man zum Jahreswechsel immer das vergangene Jahr Revue passieren lassen und darüber nachdenken, was das kommende Jahr wohl bringen wird. Da niemand die Zukunft vorhersagen kann, wollen wir einfach mit vollem Elan in das das neue Jahr starten und unser Bestes geben.
In diesem Sinne wünsche ich Ihnen und Ihrer Familie ein erfolgreiches und gutes neues Jahr sowie Erlebnisse, die Sie am Jahresende positiv zurückschauen lassen.

Ihr

Felix Purtscher

Innsbruck, im Dezember 2011

Muttertag

Liebste Mama, eins ist wahr,
du warst immer für mich da.
Dafür dank ich dir zum Feste,
denn du bist die Allerbeste.

unbekannter Verfasser

Nur eine Mutter weiß allein,
was lieben heißt und glücklich sein.

Adelbert von Chamisso

Liebe Mama, du sollst wissen,
jeder braucht sein Ruhekissen,
wo er Kräfte schöpft im Nu,
diese Kraft, die gibst nur du.

Pia Goch

Mutterliebe ist Frieden.
Sie braucht weder erworben,
noch verdient zu werden.

Erich Fromm

Es gibt so viele Mütter auf der Erde hier
- doch eine ist die beste
und die gehört mir!
Alles Gute zum Muttertag!

SMS-Spruch

Eine glückliche Mutter ist für Kinder segensreicher
als hundert Lehrbücher über Erziehung.

Johann Heinrich Pestalozzi

Das beste an mir,
ich hab's von ihr.

Peter Rosegger

Meine Mutter hatte einen Haufen Ärger mit mir,
aber ich glaube, sie hat es genossen.

Mark Twain

*Gott konnte nicht überall
zur gleichen Zeit sein,
und deswegen erschuf
er die Mütter.*

jüdisches Sprichwort

Liebe Mama,

„Das Lächeln, das du aussendest,
kehrt zu dir zurück."

Indische Weisheit

Auch wenn ich leider am Muttertag diesmal nicht bei Dir sein kann, grüße ich Dich ganz herzlich mit einem Lächeln und einer lieben Umarmung. Eigentlich ist ein Tag im Jahr viel zu wenig, um Danke zu sagen für alles, was Du für mich und uns alle tust.
Dennoch denke ich besonders an diesem Tag an Dich. Und ich danke Dir für die vielen schönen Momente, in denen Du hinter mir standest, mich getröstet oder einfach Deine Meinung gesagt hast, in denen Du für mich da warst und für die vielen Augenblicke der Freude.
Ich wünsche Dir einen wunderbaren Tag, lass' Dich verwöhnen und es Dir richtig gut gehen!

Gruß und Kuss
Deine Juliane

Mainz, im Mai 2011

Liebe Mutti,

ich wünsche Dir alles Liebe und Gute zum Muttertag. Für Deine Liebe, Deine Geduld und Fürsorge, die ich nicht nur in meiner Kindheit erfahren habe, sondern auch heute noch als Erwachsener danke ich Dir von ganzem Herzen. Ich denke dabei zum Beispiel an die vielen Kuchen- oder Pizza-Backbleche, die Du für mich und meine Freunde gebacken hast, die unzähligen Fahrten zum Training oder den Krach der vielen Partys, den Du mit so viel Verständnis ertragen hast.

Aus eigener Erfahrung weiß ich, wie anstrengend die Erziehung sein kann. Ich weiß daher ganz genau, was Du geleistet hast. Liebe Mutti, auch wenn der Muttertag eine recht moderne Erfindung ist, möchte ich ihn zum Anlass nehmen, um Dir zu sagen: tausend Dank!

Dein Sohn Ralf

Kassel, im Mai 2011

Schule

Alles, was uns begegnet,
lässt Spuren zurück.
Alles trägt unmerklich zu
unserer Bildung bei.

William Shakespeare

Arbeite und lerne
und du kannst es
gar nicht verhindern,
dass aus dir etwas wird.

Thomas Carlyle

Schule vorbei,
endlich frei -
Glückwunsch dabei!

SMS-Spruch

Ich habe überhaupt keine Hoffnung mehr
in die Zukunft unseres Landes,
wenn einmal unsere heutige Jugend
die Männer von morgen stellt.
Unsere Jugend ist unerträglich,
unverantwortlich
und entsetzlich anzusehen.

Aristoteles

Nur der Unwissende ist wirklich arm.

Talmud

Es ändert sich viel im Leben.
Doch manche Dinge bleiben unvergesslich.

unbekannter Verfasser

Wer seinen eigenen Weg geht, dem wachsen Flügel.

buddhistische Weisheit

Prüfungen sind von A bis Z ein Humbug.
Entweder man ist Gentleman,
dann weiß man alles, was man braucht,
oder man ist kein Gentleman,
dann schadet einem alles, was man weiß.

Oscar Wilde

*Bildung ist das, was übrig bleibt,
wenn wir vergessen,
was wir gelernt
haben.*

George Savile

Denken lernen:
Man hat auf unseren Schulen
keinen Begriff mehr davon.

Friedrich Nietzsche

Niemand ist durch alle Schulen durch.

Sprichwort

Sorge nicht, wohin dich der einzelne Schritt führt.
Nur wer weit blickt, findet sich zurecht.

Dag Hammarskjöld

Deine Zukunft ist,
wozu du sie machen willst.
Zukunft heißt wollen.

Patrick White

Unsere Visionen beginnen
mit unseren Wünschen

SMS-Spruch

Ich weiß, dass ich nichts weiß.

Sokrates

Was du für den Gipfel hältst,
ist nur eine Stufe.

Sprichwort

Algebra, Physik, Chemie:
Mancher denkt, er lernt es nie!
Aber mancher, der das dachte,
später noch Karriere machte.

unbekannter Verfasser

Lieber Linus,

heute ist Dein Tag! Ab heute bist Du ein Schulkind. Deine Kindergartenzeit liegt nun endgültig hinter Dir, jetzt geht es richtig los. Ob rechnen, schreiben oder lesen – all dies wirst Du bald können und Dein ganzes Leben lang brauchen! Und sicherlich wirst Du jetzt viele neue Freunde kennen lernen. Genieße diese schöne Zeit!

Ich wünsche Dir einen tollen Einschulungstag, viele schöne Geschenke in Deiner Schultüte und natürlich viel Erfolg für Deine gesamte Schulzeit.

Viele liebe Grüße sendet Dir

Deine Tante Judith

St. Pölten, im August 2011

Lieber Björn,

„Es ist nicht genug zu wissen, man muss es auch anwenden.
Es ist nicht genug zu wollen, man muss es auch tun."

Johann Wolfgang von Goethe

Dazu hast Du ab jetzt ja reichlich Gelegenheit: herzlichen Glückwunsch zum Schulabschluss!
Jetzt geht es richtig los! Deine Schulzeit ist zu Ende, und vermutlich fragst Du Dich, wo der Weg nun hingehen soll, wo Deine Stärken und Interessen liegen. Soll ich eine Lehre beginnen, erst jobben oder ein freiwilliges Jahr machen? Warte nicht zu lange mit Deiner Entscheidung! Häng' Deine Ziele ruhig hoch und halte die Spur, dann wirst Du die Ziele nicht aus den Augen verlieren und Deine Träume verwirklichen. Dafür wünschen wir Dir viel Kreativität und Energie!

Herzliche Grüße

Tante Susanne und Onkel Thorsten

Berlin, im Juli 2011

Lieber Simon,

herzlichen Glückwunsch zum Abitur! Auf diesen Abschluss kannst Du wirklich stolz sein – und wir auch. Sicherlich fragst Du Dich jetzt: Wo soll es hingehen? Was bringt die Zukunft?
Henry Ford hat einmal gesagt
„Wer aufhört zu lernen, ist alt.
Er mag zwanzig oder achtzig sein."
Damit hatte der einfallsreiche Auto-Tüftler vollkommen recht. Denn das Abi ist Dein Ticket für die Weiterfahrt auf dem Ausbildungsweg.
Viele Wege stehen Dir nun offen. Ob Lehre oder Studium – es ist Deine eigene Entscheidung. Sie bildet das Fundament für Deinen weiteren Lebensweg, bau darauf auf – ein Leben lang. Sei ein Pionier Deines eigenen Lebens! Es lohnt sich!
Für Deine weitere Zukunft wünschen wir Dir alles, alles Gute und natürlich viel Erfolg.

Alles Liebe!

Oma und Opa

Fürth, im Juni 2011

„Ich bin Idealist. Ich weiß nicht, wohin ich gehe, bin aber jedenfalls unterwegs."

Carl Sandurg

Liebe Oma Lina,

ganz herzlichen Dank für Dein großzügiges Geldgeschenk zu meinem Abi!

Ich habe mich sehr darüber gefreut und kann es gut gebrauchen, denn im Herbst werde ich ja anfangen zu studieren.

Oma, Du wirst es kaum glauben, aber trotz der stressigen Abi-Klausuren fehlt mir die Schule ein bisschen! Vielleicht liegt es daran, dass ich jetzt soooo viel Zeit habe und noch nicht weiß, an welche Uni ich komme. Am liebsten würde ich ja in Konstanz studieren. Wie dem auch sei, klappt es dort nicht, bin ich natürlich auch für andere Städte offen, denn ich bin ja Idealist...

Danke für alles und liebe Grüße!

Deine Lisa

Füssen, im Juni 2011

Ausbildung

Wenn ich tausend Ideen hätte
und nur eine sich als gut
erweisen würde,
wäre ich zufrieden.

Alfred Nobel

Früh übt sich,
wer ein Meister
werden will.

Friedrich Schiller

Es ist wichtiger, Fragen stellen zu können,
als auf alles eine Antwort zu wissen.

James Thurber

Was wir wissen, ist ein Tropfen,
was wir nicht wissen, ein Ozean.

Sir Isaac Newton

Was verworren war, wird helle,
was geheim, ist's fürder nicht;
die Erleuchtung wird zur Wärme
und die Wärme, sie ist Licht.

Franz Grillparzer

Ernstzunehmende Forschung erkennt man daran,
dass plötzlich zwei Probleme existieren,
wo es vorher nur eins gegeben hat.

Thorstein Veblen

Guter Lehrling, guter Meister.

deutsches Sprichwort

Große Gedanken brauchen nicht nur Flügel,
sondern auch ein Fahrgestell zum Landen.

Neil Armstrong

*Es gibt wenige Prüfungen,
die so verfahren sind,
wie die Führerscheinprüfung.*

unbekannter Verfasser

Liebe Lena,

herzlichen Glückwunsch zum Führerschein! Toll, wie schnell Du den „Schein" erworben hast. Damit geht ein großer Wunsch von Dir in Erfüllung.

Auch wenn Du den Spruch sicherlich schon tausendmal gehört hast: Denk bitte dran, dass Autofahren auch Verantwortung für Dich und andere bedeutet. Ganz wichtig: Fahr nie schneller als Dein Schutzengel fliegen kann!

Ein lieber Gruß von

Deiner Tante Heike

Coburg, im November 2011

Liebe Frau Seidel,

heute habe ich erfahren, dass Sie Ihre Meisterprüfung für das Friseurhandwerk bestanden haben. Dazu möchte ich Ihnen ganz herzlich gratulieren!
Nun können Sie sich Ihren lang gehegten Traum erfüllen, die Gründung eines eigenen Salons. Ihre erste Kundin haben Sie bereits: Natürlich bleiben Sie mein Beautycoach, verantwortlich für schicke Frisuren und die aktuellsten Schminktipps.

Ich freue mich mit Ihnen und wünsche Ihnen für Ihre weitere berufliche Zukunft Glück und Erfolg!

Ihre
Renate Werner

Wolfsburg, im Mai 2011

Liebe Vanessa,

„Genie ist ein Prozent Eingebung und neunundneunzig Prozent Schweiß."
Thomas Alva Edison

Wie viel Schweiß Dich das Examen gekostet hat, können wird nur erahnen. Jetzt hast Du es aber geschafft, das endlose Pauken hat ein Ende: herzlichen Glückwunsch!
Toll, dass Du Deine Prüfungsangst überwunden und nicht locker gelassen hast! Dein Durchhalten und Dein Engagement haben sich jetzt ausgezahlt.
Wir sind stolz wir auf Dich und drücken Dir nun für den Start ins Berufsleben ganz fest die Daumen!

Alles Gute und eine tolle Examensfeier wünschen Dir

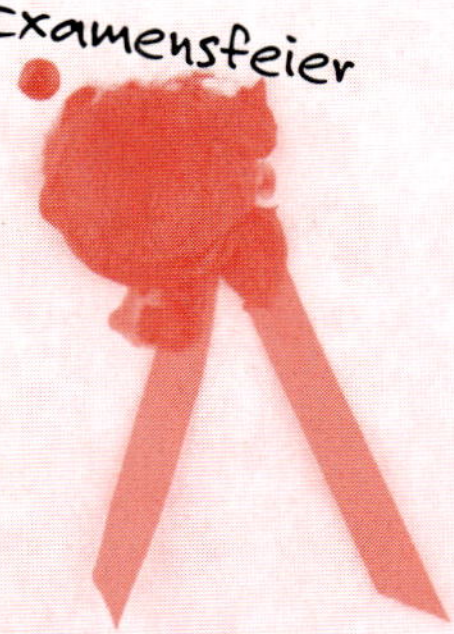

Mama und Papa

Wernigerode, im Juni 2011

Sehr geehrter Herr Dr. Körber,

zu Ihrer Promotion gratuliere ich Ihnen herzlich.
Es ist gut zu wissen, dass es so qualifizierten wissenschaftlichen Nachwuchs im Bereich der Nanotechnologie gibt, der diesen Bereich sowohl von der wissenschaftlich-theoretischen, als auch von seiner praktischen Umsetzung her beherrscht und vorantreibt.
Hermann Hesse schrieb einmal:
„Damit das Mögliche entsteht, muss immer wieder das Unmögliche versucht werden."
Dies ist Ihnen mit einer herausragenden Forschungsarbeit gelungen und dafür möchte ich Ihnen im Namen der gesamten Belegschaft unsre höchste Anerkennung aussprechen.

Mit freundlichen Grüßen

Michael Streif

Erlangen, im Juli 2011

Berufsleben

Erfolgreiche Menschen sind erfolgreich,
weil sie das tun,
was andere Menschen nicht tun.

Henry Ford

Ehrliche, herzliche Begeisterung ist einer der wichtigsten Erfolgsfaktoren.

Dale Carnegie

Freizeit besteht nicht im Nichtstun,
sondern in dem, was wir sonst nicht tun.

unbekannter Verfasser

Denn viele sind berufen,
aber nur wenige sind auserwählt.

Matthäus 22,14

Die wahre Freude am Leben ist,
für ein Ziel gebraucht zu werden,
das man selbst als wichtig anerkennt.

George Bernard Shaw

Schlechte Zeiten waren immer die besten Zeiten
für kreative Mitarbeiter und wirkliche Unternehmer.

unbekannter Verfasser

Anfangen im Kleinen,
ausharren in Schwierigkeiten,
streben zum Großen.

Alfred Krupp

Es gibt nichts Dauerhaftes außer der Veränderung.

Heraklit

*Besser auf neuen Wegen etwas stolpern,
als in alten Pfaden auf der Stelle
zu treten.*

chinesisches Sprichwort

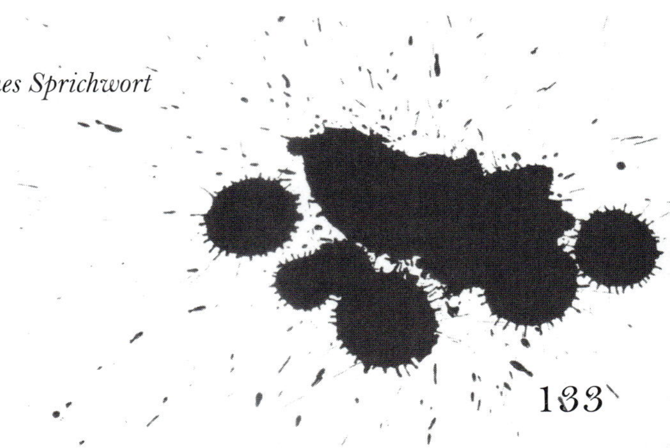

Der Beruf
ist das Rückgrat des Lebens.

Friedrich Nietzsche

Erfolg ist kein Sofa zum Ausruhen,
sondern ein Sprungbrett in die Zukunft.

Harold Macmillan

Such dir eine Arbeit, die du gerne tust.
Dann brauchst du keinen Tag in deinem
Leben mehr zu schuften.

Konfuzius

Ein mutiger Beginn ist der halbe Gewinn.

SMS-Spruch

Für das Können gibt es nur einen Beweis:
das Tun.

Marie von Ebner-Eschenbach

Führungsqualitäten:

Erstens die Fähigkeit vorherzusagen, was morgen, nächsten Monat und nächstes Jahr geschehen wird. Und es ist zweitens die Fähigkeit, später zu erklären, warum alles ganz anders gekommen ist.

Winston Churchill

Wie herrlich ist es nichts zu tun,
und dann vom Nichtstun auszuruhn.

Heinrich Zille

Für viele ist der Ruhestand ein Unruhestand.

Achim Schmidtmann

Liebe Kolleginnen und Kollegen,

nach meiner Ausbildung zur Bilanzbuchhalterin arbeite ich seit vier Wochen in der Abteilung Controlling. Viele Kolleginnen und Kollegen habe ich bereits während dieser Zeit kennengelernt. Sie haben mir den Einstieg in die Arbeit durch eine effektive Einarbeitung sehr leicht gemacht und stehen mir mit Rat und Tat bei Fragen immer zur Verfügung. Dafür möchte ich mich herzlich bedanken.
Ich denke, dies ist Grund genug für mich, einen Einstand zu geben, um mich auch den übrigen Kolleginnen und Kollegen einmal vorzustellen. Machen Sie mir die Freude und seien Sie mein Gast; in der Cafeteria stehen Kuchen und eine herzhafte Kleinigkeit für Sie bereit.

Beste Grüße
Verena Schmidt

Lieber Herr Sattler,

„Das Geheimnis des Erfolges ist die Beständigkeit des Zieles."

Benjamin Disraeli

Genau das ist es, was Sie vor anderen besonders auszeichnet: Ihre Ziele haben Sie als Teamleiter „Nord-West" der Sauer KG stets mit großer Kompetenz und mit viel Engagement zu unserer vollsten Zufriedenheit verfolgt.
Seit Ihrem Eintritt in unser Unternehmen vor fünf Jahren gelang es Ihnen, den Bereich Nord-West aufzubauen, erfolgreich zu leiten und auch in schwierigen Situationen Übersicht und Tatkraft zu beweisen. Dabei wussten Sie immer Ihre Mitarbeiter für die Arbeit zu begeistern und zu erstklassigen Ergebnissen zu motivieren.
Es ist uns deshalb eine Freude, Ihnen ab dem 1.1.2012 die Bereichsleitung zu übertragen.
Wir wünschen Ihnen für Ihre neue Aufgabe viel Erfolg und alles Gute für weitere gemeinsame Jahre!

Mit freundlichen Grüßen

Manfred Sauer
Sauer KG

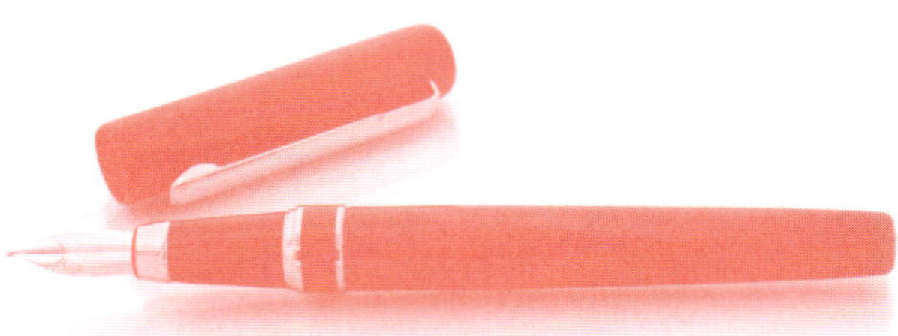

Frankfurt a. M., im Oktober 2011

Liebe Kollegen,

vielen Dank für die Glückwünsche und Geschenke zu meinem 25-jährigen Jubiläum in unserem Unternehmen.

Wenn ich an die lange, vergangene Zeit denke, sehe ich viele Höhen und Tiefen, die wir gemeinsam gemeistert haben.

Ich freue mich, mit euch zusammen zu arbeiten und in einem so gut funktionierenden Team zu sein.

Herzliche Grüße

Wolfgang Pohlhage

Liebe Kollegen,

herzlichen Dank für Eure netten, persönlichen Worte zu meiner Verabschiedung, die mich etwas wehmütig gemacht haben. In diesem Unternehmen habe ich nicht nur meine erste Stelle nach der Ausbildung angetreten, sondern hier konnte ich wertvolle Berufserfahrungen sammeln. Und ich kann sagen: Mit Euch habe ich sehr gerne zusammengearbeitet!
Doch „Jedes Ding hat seine Zeit“ schrieb William Shakespeare einmal. Das gilt auch für mich. Neue Aufgaben warten, und jetzt ist der passende Zeitpunkt für sie gekommen.
Ich danke daher allen Kollegen für die gute Zusammenarbeit.

Ich wünsche Euch weiterhin alles Gute! Lasst uns das Glas erheben:

Zum Wohl!

Sehr geehrte Damen und Herren,
liebe Kollegen,

für die herzlichen Glückwünsche und die schönen Geschenke anlässlich meines 10-jährigen Arbeitsjubiläums am 1. August möchte ich mich herzlich bei allen bedanken, auch im Namen meines Mannes. Wir haben uns über die Konzertkarten sehr gefreut und am vergangenen Samstag einen wunderbaren Musikabend in Hamburg erlebt.
Mein besonderer Dank gilt den Kollegen aus der Buchhaltung, die meinen Jubiläumstag mit einer so schönen Feier zu einem unvergesslichen Erlebnis gemacht haben.
Nochmals herzlichen Dank!

Irene Kübler

Bremerhaven, im September 2011

Liebe Christa,

„Ist das Leben nicht hundertmal zu kurz für Langeweile?"

Friedrich Nietzsche

Ja! Allerdings sind wir ganz sicher, dass Du Dich niemals langweilen wirst. Deshalb können wir Dir mit gutem Gewissen sagen: Alles Gute zum Ruhestand!
Wir hoffen vielmehr, das Du nun Zeit findest, Deinem Hobby, dem Golfspielen, nachzugehen, endlich die vielen Romane zu lesen, die sich auf Deinem Nachttisch stapeln und die geplanten Reisen mit Deinem Mann zu verwirklichen. Auch wenn wir Dir den wohlverdienten Ruhestand von ganzem Herzen gönnen, werden wir Dich sehr vermissen! Deshalb hoffen wir natürlich, in Kontakt zu bleiben und Dich bei unseren geplanten Treffen begrüßen zu dürfen.

Alles Gute für Deinen (Un-)Ruhestand

Deine Kolleginnen und Kollegen

Stuttgart, im Oktober 2011

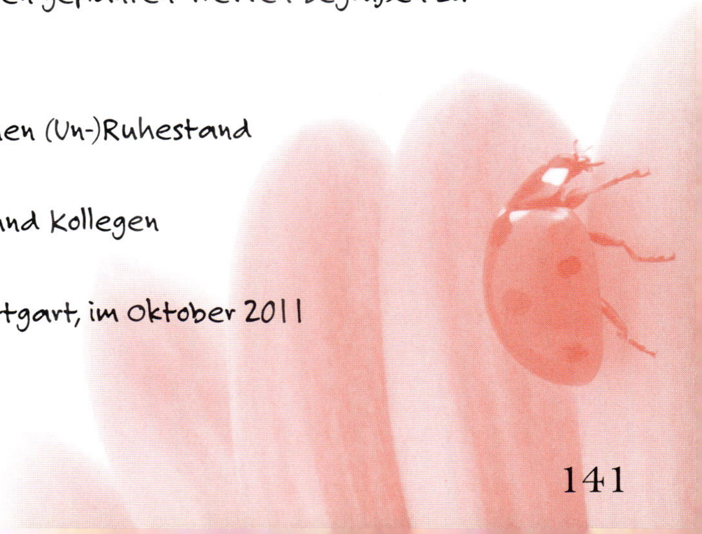

Vereinsleben

Es ist leichter, der Ämter
würdig zu erscheinen,
die man nicht besitzt,
als derer, die man bekleidet.

François de La Rochefoucauld

Sport stärkt Arme,
Rumpf und Beine,
kürzt die öde Zeit,
und er schützt uns durch Vereine,
vor der Einsamkeit.

Joachim Ringelnatz

Aus der Kräfte schön vereintem Streben
erhebt sich wirkend erst das wahre Leben.

Friedrich Schiller

Die Leute, die niemals Zeit haben, tun am wenigsten.

Georg Christoph Lichtenberg

Treue üben ist Tugend,
Treue erfahren ist Glück.

Marie von Ebner-Eschenbach

Vor allem wegen der Seele ist es nötig, den Körper zu üben,
und gerade das ist es, was unsere Klugschwätzer
nicht einsehen wollen.

Jean-Jacques Rousseau

Ich bin bereit, überallhin zu gehen,
wenn es nur vorwärts ist.

David Livingstone

Seine Pflicht erkennen und tun,
das ist die Hauptsache.

Friedrich der Große

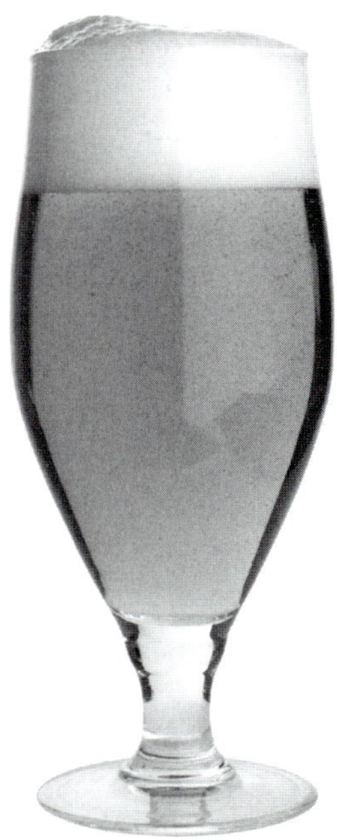

Die Menschen werden durch Gesinnungen vereinigt, durch Meinungen getrennt.

Johann Wolfgang von Goethe

Sehr geehrte Gäste,
liebe Vereinsmitglieder!

„Angenehm sind die erledigten Arbeiten" schrieb der römische Politiker und Schriftsteller Marcus Tullius Cicero vor rund 2000 Jahren. Ich schließe mich seinen Worten nur allzu gerne an. Denn heute feiern wir die Einweihung unseres neuen Vereinsheims.

Damit geht eine lange Zeit des Planens und Arbeitens erfolgreich zu Ende. Ein große Dankeschön für die tatkräftige Unterstützung gebührt unseren engagierten Vereinsmitgliedern, unserem Architekten, Herrn Axel Färber, sowie allen Bauspezialisten der verschiedenen Gewerke. Das neue Vereinshaus soll jetzt Mittelpunkt unseres Vereinslebens werden, ein Ort der Geselligkeit. Darauf lassen Sie uns alle das Glas erheben und anstoßen.

Zum Wohl!

Liebe Vereinsmitglieder,

„Der Wechsel allein ist das Beständige."
Dieser Satz von Arthur Schopenhauer trifft auf Vieles zu, besonders aber auf unser Vereinsleben. Denn hier ist der Wechsel im Vorstand in klar definierten Zeitabständen festgelegt. Und das ist gut so. Denn neue Leute bringen immer frischen Wind und neue Ideen mit. Als ich vor vier Jahren in das Amt gewählt wurde, habe ich mir ehrgeizige Ziele gesetzt. Vieles davon haben wir tatsächlich erreicht, manches wurde verworfen und manche neuen Projekte angeschoben. Ich bedanke mich bei allen für die gute Zusammenarbeit. Denn ohne die Mithilfe der Vereinsmitglieder hätten wir nicht so viel erreicht. Meinem Nachfolger Manfred Sasse wünsche ich als Präsident alles Gute und viel Erfolg.

Zum Wohl!

Liebe Vereinsmitglieder,

„Nichts kann den Menschen mehr stärken, als das Vertrauen, das man ihm entgegenbringt."

Adolf von Harnack

Dieses Vertrauen habt Ihr mir mit der Wahl zum 1. Vorsitzenden heute bewiesen. Dafür bedanke ich mich bei allen recht herzlich. Natürlich hoffe ich, dass ich mich meinem Vorgänger würdig erweise, der in den vergangenen Jahren eine hervorragende Arbeit geleistet hat. Ich bin mir der Aufgaben und Pflichten, die das Amt des 1. Vorsitzenden mit sich bringt, bewusst, und weiß, dass ein Verein nur durch Gemeinschaft ehrenamtliches Engagement lebt. In diesem Sinn werde ich gern die neuen Aufgaben übernehmen, damit unser Vereinsleben auch in Zukunft so lebhaft bleibt wie bisher. Ich freue mich auf eine gute Zusammenarbeit mit dem Gesamtvorstand und bin für jede Anregung dankbar.
Neue Aufgaben liegen vor uns – packen wir's an!

Zum Wohl!

Liebe Claudia,

„Der Sport ist eine Tätigkeitsform des Glücks."

Martin Kessel

Den Worten des deutschen Schriftstellers kann man kaum noch etwas hinzufügen, außer dem Hinweis, dass Vereinssport demnach die pure Form des Glücks ist! Und glücklich können wir uns schätzen, so engagierte und verlässliche Mitglieder in unseren Reihen zu haben, die mit so viel Leidenschaft dabei sind wie Du! Liebe Claudia, deshalb möchten wir Dir im Namen des Gesamtvorstands unseren besonderen Dank aussprechen und Dir anlässlich Deines 10-jährigen Vereinsjubiläums bei unserer Jahreshauptversammlung am 22. Juli 2011 die goldene Vereinsnadel überreichen.

Wir wünschen Dir alles Gute und freuen uns auf weitere gemeinsame sportliche Aktivitäten in unserem TUS Eintracht!

Gerd Dammann

Siegen, im Mai 2011

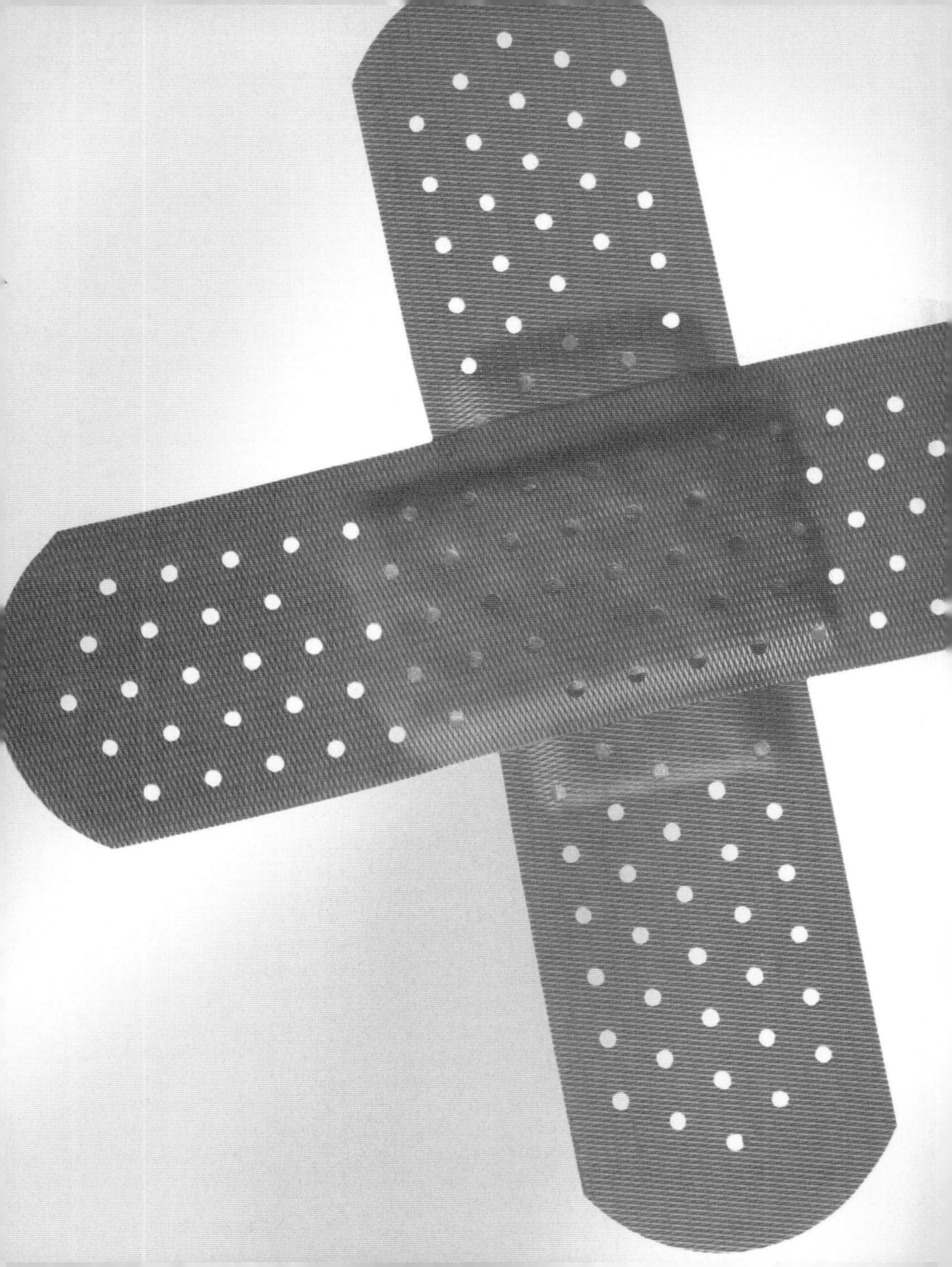

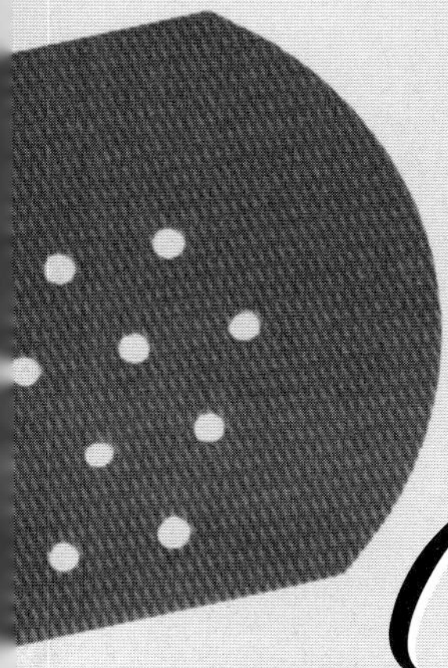

Genesung

Gesundheit ist nicht alles,
aber ohne Gesundheit
ist alles nichts.

Arthur Schopenhauer

Der Himmel hat den Menschen als Gegengewicht gegen die vielen Mühseligkeiten des Lebens drei Dinge gegeben: die Hoffnung, den Schlaf und das Lachen.

Immanuel Kant

Der Gesunde hat viele Wünsche, der Kranke nur einen.

unbekannter Verfasser

Harre, hoffe!
Nicht vergebens
zählest du der Stunden Schlag:
Wechsel ist das Los des Lebens,
und - es kommt ein anderer Tag.

Theodor Fontane

Die Gesundheit ist wie Salz. Man bemerkt es nur, sobald es fehlt. Gute Besserung!

SMS-Spruch

Viel besser als ein guter Wille wirkt manchmal eine gute Pille.

Wilhelm Busch

Manchmal ist Krankheit nur schwer zu ertragen.
Das Gefühl von Einsamkeit und Verlorensein macht sich breit.
Dieser Gruß und unser Denken gebe Kraft und Zuversicht.
Wenn es einen Glauben gibt, der Berge versetzten kann,
so ist es der Glaube an die eigene Kraft.

Marie von Ebner-Eschenbach

Gesund ist man erst,
wenn man wieder alles tun kann,
was einem schadet.

Karl Kraus

Nichts beschleunigt die Genesung so sehr,
wie regelmäßige
Arztrechnungen.

unbekannter Verfasser

Sehr geehrte Frau Seiler,

von Ihrem Ehemann haben wir erfahren, dass Sie einen Autounfall erlitten haben und nun im Krankenhaus liegen. Wir möchten Ihnen auf diesem Wege sagen, dass uns dies sehr Leid für Sie tut. Auch wenn wir Sie in der Abteilung sehr vermissen, ist es jetzt in erster Linie wichtig, dass Sie wieder „auf den Damm kommen". Wichtiger als der Büroalltag ist jetzt Ihre Gesundheit. Nutzen Sie daher die erzwungene Ruhepause für sich und kurieren Sie sich richtig aus!

Wir wünschen Ihnen daher gute Besserung, Kraft und Geduld, damit Sie wieder gesund werden und dann in alter Frische zu uns ins Büro zurückkehren.

Mit freundlichen Grüßen

Karin Möller
Personalabteilung

Stuttgart, im Juli 2011

Liebe Oma,

bevor Du in der kommenden Woche ins Krankenhaus gehst, möchten wir Dich herzlich grüßen und Dir alles Gute wünschen.
Auch wenn Dir der Entschluss zur Operation nicht leicht gefallen ist, sind wir davon überzeugt, dass Du das Richtige machst. Bestimmt wird es Dir danach besser gehen!
Wir sind in Gedanken auf jeden Fall bei Dir und drücken Dir ganz fest die Daumen. Nach der OP kommen wir Dich besuchen. Wir freuen uns auf Dich!

Alles Gute und bis bald!

Antonia und Klaus mit Samira und Samuel (die Dich ganz fest drücken und sich schon auf Deinen leckeren Schoko-Pudding freuen!)

Kirchzarten, im September 2011

Lieber Niels,

um Dir Hals- und Beinbruch zu wünschen, ist es jetzt ja wohl zu spät. Aber dass Du ausgerechnet in der Schnee-Bar so unglücklich fallen und Dir den Arm brechen musstest, dass ist doch wirklich Sportler-Pech. Hättest Du Dir dafür nicht wenigstens die schwarze Piste aussuchen können?
Immerhin kannst Du von Glück sprechen, dass Dir das Missgeschick erst am Ende Deines Ski-Urlaubs passiert ist und Du den Jager-Tee jetzt einfach in der linken Hand halten kannst...
Kopf hoch, gute Besserung und eine gute Heimreise!

Deine Mannschaftskollegen vom
SC Hannover

Hannover, im Januar 2011

Liebe Frau Neumann,

„Es ist unglaublich, wie viel Kraft die Seele dem Körper zu verleihen mag."

Wilhelm von Humboldt

Gestern haben wir von Ihrer Tochter erfahren, dass Sie im Krankenhaus liegen. Es tut uns sehr Leid! Wir können mitfühlen und verstehen, dass Ihnen das Untersuchungsergebnis erst einmal einen großen Schreck eingejagt hat. Allerdings ist die medizinische Forschung gerade auf diesem Gebiet in den letzten Jahren sehr weit fortgeschritten, und die Heilungschancen sind viel höher als noch vor einigen Jahren. Deshalb ist es wichtig, dass Sie jetzt den behandelnden Ärzten vertrauen und positiv in die Zukunft blicken.
Wir denken an Sie und drücken Ihnen ganz fest die Daumen.

Alles Gute und eine baldige Genesung wünschen Ihnen

Herbert und Karla Grothaus

München, im Oktober 2011

Bigstockphoto.com: 145/Heller; Fotolia.com: 13/Staroseltsev, 14/Travelfish, 26/27/Spek, 54/55/derbongen, 115/Yantra; istockphoto.com: 20o./Minou, 23/Cova, 25/DNY59, 51/QUAYSIDE, 61/DNY59; Mauritius, Mittenwald: 10/imagebroker/Eisele-Hein; scanstockphoto.com: 15/Vangelis; shutterstock.com: 10/Schweitzer, 11/enieni, 20u., 30o./Andy Z., 35/Stasiak, 36/37/Kodda, 38/Elnur, 41/RTimages, 44/Morozova, 45/max777, 46/Subbotina, 48/Muenz, 49/g215, 106/107/triff, 108/Chase, 109u./Chase, 114/Stares, 144/Vorobyev, 147/Caldwell; www.thinkstockphotos.de: 4/Hemera, 12/istockphoto, 16/istockphoto, 17/Photodisc, 18/19/Hemera, 21/Photodisc, 22/istockphoto, 24/istockphoto, 28/istockphoto, 29/istockphoto, 30u./istockphoto, 31/Photodisc, 32/Hemera, 33/istockphoto, 34/Hemera, 39/Hemera, 40/Digital Vision, 42/43/istockphoto, 47/Hemera, 50/istockphoto, 52/istockphoto, 53/AbleStock.com, 56o./istockphoto, 56u./Hemera, 57/istockphoto, 58/Stockbyte, 59/Photodisc, 60/istockphoto, 62/63istockphoto, 64/istockphoto, 65/istockphoto, 66/istockphoto, 67/Hemera, 68/Lifesize, 69/istockphoto, 70/istockphoto, 71/Hemera, 72/istockphoto, 73/istockphoto, 74/75/istockphoto, 76o./Photo.com, 77u./istockphoto, 78o./Hemera, 79u./Hemera, 80/Hemera, 81/istockphoto, 82/Hemera, 83/istockphoto, 84/85/AbleStock.com, 86/istockphoto, 87/istockphoto, 88/istockphoto, 89/Stockbyte, 90/Hemera, 91/Stockbyte, 92/Hemera, 93/Stockbyte, 94/95/Digital Vision, 96o./Hemera, 97/Photodisc, 98/Polka Dot, 99/istockphoto, 100/101/istockphoto, 102u./Hemera, 102o./Polka Dot, 103/istockphoto, 104/105/istockphoto, 109o./istockphoto, 110/istockphoto, 111/istockphoto, 112/113/istockphoto, 116/BananaStock, 117/Comstock, 118/Comstock, 119/istockphoto, 120/istockphoto, 121/Hemera, 122/123/Polka Dot, 124o./istockphoto, 124u./istockphoto, 126/istockphoto, 127/istockphoto, 128/Hemera, 129/Stockbyte, 130/131/istockphoto, 132u./Comstock, 132o./istockphoto, 133/istockphoto, 134/istockphoto, 135/Hemera, 136/Hemera, 137/istockphoto, 138/Hemera, 139/istockphoto, 140/Photodisc, 141/istockphoto, 142/143/istockphoto, 146/Hemera, 148/istockphoto, 149/istockphoto, 150/151/istockphoto, 152/Hemera, 153/istockphoto, 154/istockphoto, 155/istockphoto, 156/Hemera, 157/istockphoto;